ワークシートで学ぶ

教員を目指す人のための
アンガーマネジメント

佐藤恵子・山村容子 著

大修館書店

まえがき

　みなさんは、自分の感情に意識を向けていますか？　自分の感情を大切に扱っていますか？　ゆっくり深呼吸して、自分の心に耳を傾けて聴いてみましょう。今ここにいるあなたの心の中にはどんな感情が湧いているでしょうか。

　これまでの私の人生を振り返ったとき、自分の感情を大切に扱うことを教えてくれたのは、小学校、中学校、高校で出会った先生でした。小学校では、いじめに遭い教室へ行けない私を見守り、支えてくれた先生、中学校では、病気で言語障害になり話すこともできなくて自信を失った私を支えてくれた先生、高校では、自分の生い立ちを知り、荒れ狂った言動をしていた私を責めず、受け止め支えてくれた先生がいました。どの時代にも、私の感情を大切にしてくれて、私を丸ごと受け止めてくれた先生がいました。ネガティブな考え、ネガティブな感情や行動の塊のような私を見放さないで支えてくれた先生や、私を我が子として育ててくれた両親がいたからこそ、今、私は「感情を大切にしてほしい」というメッセージを伝える仕事をしているのです。

　子供たちは家庭や学校でのさまざまな体験や経験を通して、学習し成長していきます。家庭では家族から、学校では教師から、つまり出会う大人から多くの影響を受けます。教師という職業は、それだけ重要な職業です。本書は、将来教師を目指している大学生や、既に教師になっている方を主な対象として作成されました。

　自分の感情を大切にしてこそ、他者の感情を読み解くことができます。将来、学校現場でたくさんの子供たちと接する中で、こんなことを考える場面があるかもしれません。

「急に、教室から出て行ったけれど、どうして？」

「友達とケンカをして、相手を殴ってしまった。どう対応したらいいんだろう？」

「何を聞いても黙っているだけ。どんなふうに声をかけたらいいの？」

　人が集まれば、何らかの対立やトラブルが起こります。一人一人考え方も感じ方も違うのですから、それは当然のことです。対立やトラブルが起きたときこそ、子供たちの感情や行動の背景にある理由をひも解く貴重な機会になります。そして、対立やトラブルを解決するためのコミュニケーションが生まれます。これから学ぶアンガーマネジメントプログラムは、日々の学校現場で起こるさまざまな出来事への対応の一助になるでしょう。

　私たちの日常生活の中には、たくさんのストレッサー（ストレスの原因）があります。それは、大人だけではなく、子供たちも同じです。ストレッサーにより、私たちの中にはさまざまなストレス反応が現れます。「怒りの感情」もストレス反応の１つです。大人でも子供でも、怒りの感情が起こったとき、その感情を人や物にぶつけたり、逆に我慢して自分の中に押し込んでしまったりする場合もあるかもしれません。皆さんはどのような形で怒りの感情に対処しているでしょうか。

感情は、私たちの行動に大きな影響を与えます。嬉しい、楽しい、幸せというポジティブな感情が起こったときは、行動も前向きになります。しかし、怒り、不安、恐れなどのネガティブな感情が起こると、行動は後ろ向きになります。どのような行動も感情が基になっています。特に後ろ向きの行動はネガティブな感情によって引き起こされるため、ネガティブな感情を丁寧に扱うことが重要です。

　学校現場で、子供たちの感情や行動を理解し接していくために、是非、本書でじっくりとアンガーマネジメントの奥深さを味わい、実践していってください。

　本書の中で書かれているアンガーマネジメントは、アンガーマネジメントプログラム「ASCLA®」（アスクラ）（一般社団法人アンガーマネジメントジャパン）に基づいて進んでいきます。本プログラムは、怒りの感情だけに焦点を当てたものでありません。怒りの感情の理解、ストレスマネジメント、認知変容（考え方を変える）、傾聴、そしてアサーティブコミュニケーションを、包括的に学んでいきます。

　アンガーマネジメントは、知識を習得しただけでは効果がありません。実践があって初めて身に付くプログラムです。実践を通して、「あれ？　私、アンガーマネジメントやってる」「子供に指導する前にまず、自分が落ち着こう」「子供が怒っている理由が理解できた」「こんなことがあったから、友達を殴ってしまったんだな」「子供の話を聴いて、話し合ってみよう」など、さまざまなトラブルへの対処法がわかるようになります。また、もともと発達障害の大人を対象に実施されてきた経緯から、発達障害の子供たちにも有効です。

　さらに、子供の理解や対応のためだけではなく、アンガーマネジメントは、これから教師として働く上で、自身のメンタルヘルスの維持にも役立ちます。教師は、授業の準備や授業はもちろんのこと、学級活動、教育相談、保護者対応、校務分掌等、多くの仕事が求められます。このような状況の中で、「教師だから弱音は吐くべきではない」「できないと言ったら能力がないと思われるのではないか」というような言葉が頭の中に浮かび、誰にも相談できず疲弊してしまう場合もあります。それが、メンタルヘルスの不調につながります。そうならないために、本書で学ぶアンガーマネジメントを日常生活の中で活かし、自分のメンタルヘルスを維持するためにも身に付けてほしいと願っています。

　アンガーマネジメントを身に付けていくと、自分の怒りの感情やネガティブな感情をコントロールできるだけではなく、子供たちにも教えたり、保護者対応にも活かしたりすることができます。まずは、本書を通して、自分自身に向き合い、自己理解を深めてほしいと願っています。それが他者理解、相互理解につながっていきます。

　それでは、みなさん準備はいいですか？　アンガーマネジメントの授業を始めます。

一般社団法人アンガーマネジメントジャパン
代表理事　佐藤　恵子（臨床心理士）

ワークシートで学ぶ　教員を目指す人のためのアンガーマネジメント

目次

■本書は，ワークシートなどをダウンロードできるコンパニオン・ウェブサイトを用意しています。

・ウェブサイト上の資料等は予告なく，追加・修正・削除等されることがありますので，あらかじめご了承ください。

・ダウンロードした各種資料は，教材としてダウンロードした個人が活用することのみを目的としています。第三者への再配布，ホームページ等での公開はお控えください。

https://www.taishukan.co.jp/item/angermanage/

■コンパニオン・ウェブサイトからダウンロードできるもの（マークがついています）

●ワークシート：今の気持ちチェックシート／気持ちの木／考えるだけでわくわくすることを想像しよう（心の救急箱）／感謝することを書いてみよう（心の救急箱）／怒りの温度計（心の救急箱）／アンガーログシート／DESC 法で伝えよう

●参考資料：アサーティブ度チェックシートの解説／依頼する，断る，批判に対処するときのアサーティブコミュニケーションの台本例／「キレる」子供への援助で大切なこと

テキスト内のアイコンについて

 考えて記入するワーク　　　　　 ダウンロードできるワークシート

　記入した内容をシェアするワーク　　　✓ 「今の気持ちチェック」のワーク

　ロールプレイをするワーク　　　　　　次の授業までのホームワーク

＊本書では「気持ち」と「感情」を同じ意味で使用します。

今の気持ちチェックシート

【ワークの目的】
私たちの中にはさまざまな感情があります。ネガティブな感情が起こったときに、その感情に気づかないでいると、何かのきっかけで大きくなってしまうことがあります。このワークは、日頃から自分の感情に意識を向けられるようになることを目的としています。

 「今の気持ちチェック」は、授業の前後に必ず行います。今の自分の気持ち（感情）に合う表情を下の15の顔の中から選んで番号を記入し（複数可）、選んだ理由も書いてください。当てはまる表情がない場合は、自分で表情の絵を描いてもよいです。

日付	番号（前）	それを選んだ理由	番号（後）	それを選んだ理由
/				
/				
/				

今の気持ちチェックシート

日付	番号(前)	それを選んだ理由	番号(後)	それを選んだ理由
/				
/				
/				
/				
/				
/				
/				
/				
/				
/				
/				
/				

このテキストの構成と使い方

●本書の構成

　まず、アンガーマネジメントとは何か、なぜ必要かについて学び（1章）、続いて、アンガーマネジメントを実践するための基礎知識として、さまざまな感情と表情の関係（2章）、怒りの感情の理解（3章）、怒りの感情と脳・身体の関係（4章）を学びます。

　その上で、アンガーマネジメントの4つの領域を学び、実践していきます。まず、ストレスとは何かを知り、自分の中にあるストレッサーとストレス反応に意識を向け（5章）、ストレス状態をやわらげる方法を学びます（6章）。次に、アンガーマネジメントの基盤となる認知行動療法を理解し（7章）、怒りの感情を引き起こす考え方のくせを知るためにアンガーログを書き（8章）、考え方のくせを変える方法（9章）を学びます。

　さらに、相手との信頼関係を築くための傾聴について、その基本的態度を学び（10章）、傾聴を実践します（11章）。そして最後に、自分も相手も尊重するアサーティブコミュニケーションとその歴史について学び、さらに、自分のアサーティブ度を確認し（12章）、その上で、アサーティブに依頼するコミュニケーション（13章）や、アサーティブに断る・批判に対処するコミュニケーション（14章）を実践します。

　最終章では、本書で学んだことをまとめ、振り返ります。

●ワークについて

① 知識を得るだけではなく、ワークを通して体験していきます。

② ワークは自分自身に向き合う作業です。積極的に取り組みましょう。

③ 自分の考えや感情を言語化し、シェアすることで自分と他者との違いを体験します。

④ グループ（2人以上）でシェアしたり、クラス全体でもシェアしたりします。

⑤ ワークは、授業の進捗状況に応じて実施します。

　本書は、将来教師を目指している大学生や、既に教師になっている方を対象に作成されたテキストです。授業などでの使用を目的にしていますが、個人でテキストを使用する場合は、グループワークは除き、個人でできるワークをやってください。

■学生のみなさまへ

　ワークの中には、自分自身に向き合うワークや他者との関係を振り返り考えるワーク、ロールプレイをするワークがあります。個人が体験したエピソードや個人の考えや感情をシェアしたり、発表したりするので、ときには心が揺れ動くこともあるかもしれません。しかし、自分の考えや感情をシェアすることで、自分だけではなく他者も同じような考えや感情を持っていることに気づき、心が解放されることもあります。

　ただし、発表したくないときは、無理をせず「パス」と伝えてください。受講後に、心配になったり不安になったりしたときは、担当の先生や学生相談室などに相談してください。

第1章

アンガーマネジメントとは

　私たちは、日常生活の中で多かれ少なかれ、怒りの感情を抱くことがあります。家庭でも職場でも、人が集まる場所では、意見の相違により対立やトラブルが起きるものです。その要因の1つに、怒りの感情をコントロールできないことが挙げられます。その結果、冷静な判断や行動ができなくなるのです。その怒りの感情をコントロールする方法がアンガーマネジメントです。

　本章では、アンガーマネジメントが生まれた背景、アンガーマネジメントとは何か、何を身に付けたらよいのか、また学ぶことによる効果について紹介します。

📖 **本章で学ぶこと**

・アンガーマネジメントが必要とされる背景を知る。

・アンガーマネジメントの歴史と広がりを知る。

・アンガーマネジメントプログラム「ASCLA®」で学ぶ内容を理解する。

💡 **本章のキーワード**

意見の相違、教育、産業、医療・福祉、パワーハラスメント、

メンタルヘルス不調、虐待、体罰、アンガーマネジメントの歴史、セネカ、

認知行動療法、メタ認知能力、アンガーマネジメントの効果

✔️ 授業の前に「今の気持ちチェック」（8ページ）を記入しましょう。

1 アンガーマネジメントが必要とされる背景

　日常生活の中で、怒りの感情が全く起きない人はいるでしょうか？　特に人間関係の中では、お互いの意見や価値観の相違から相手を受け入れられずイライラしてしまい、相手に強い口調で言ったり、反対に自分と意見や価値観の違う相手とは距離を取ったりしてしまう場合があります。また、自分の思い描いたように物事が進まないときも、怒りの感情が起こります。

　社会環境が複雑化し、想定外の出来事が頻発し、予測不能で不確かな社会の中で、人々は不安を抱えて日常生活を送っています。そのため、さまざまな領域で問題が起こっています。家庭では、親子・夫婦関係の悪化や、家庭内暴力，虐待が、そして教育現場では、いじめ、体罰、不登校や、パワーハラスメント、メンタルヘルスの不調による休職・離職などの問題があります。また、産業領域や医療・福祉の領域でも、パワーハラスメント、パフォーマンスの低下、メンタルヘルスの不調による休職・離職などが挙げられます。これらの問題に共通しているのが、怒りの感情をコントロールできないことが要因となり、コミュニケーションが上手くとれず、関係が悪化するケースです。

　これから学校現場で教師として、さまざまな背景を持つ子供たち、保護者、管理職や先輩、同僚の先生方と接するでしょう。ときには、怒りの感情が湧いてくることもあるでしょう。そのようなとき、アンガーマネジメントを身に付けていることが、これからの学校現場で活かされてきます。

　本書を通して、まず自分自身を知ることから始めてください。それが他者理解に通じ、お互いを理解するための双方向のコミュニケーションが取れるようになります。

2 アンガーマネジメントの歴史と広がり

　ローマ帝国時代に、怒りの感情とそのコントロールの方法を述べたのは、哲学者セネカ（紀元前4年頃－紀元後65年）でした。彼は生涯をかけて、怒りの感情を探求しました。セネカは、怒りを制御することが大事であり、特に人間関係の中で起こる怒りの感情に対処することが大切であると述べています。さらに、自分の心に平和と満足をもたらすように心がけ、世間の評価を気にしないことが重要であると述べています（セネカ，2008）。

　そして20世紀には、アンガーマネジメントに先駆け、心理学者のドナルド・マイケンバウムがストレスへの対処を目的に「ストレス免疫訓練法（Stress Inoculation）」を提唱しました（1989）。

　現代のアンガーマネジメントは、1970年代にレイモンド・ノヴァコにより提唱されました。ノヴァコはストレス免疫訓練法を、怒りのコントロールの問題を抱えているうつ病患者の治療に取り入れ、さらに、慢性的な怒りを抱えている発達障害の人やストレス負荷の高い警察管や法務執行官などを対象にして、アンガーマネジメントの研究を行いました（Taylor & Novaco, 2005 ; Novaco, 1977a, b）。

　ノヴァコは、アンガーマネジメントを「怒りや攻撃的な行動を自分でコントロールする方法」と定義しました。ノヴァコのアンガーマネジメントは心理療法のアプローチの1つである「認知行動療法」が基盤となっています。彼は、怒りの感情が起こるきっかけや怒りが起こる兆候に意識を向けることを重視し、怒りの強さを弱め、怒りの頻度、期間や怒りの表出を減らすことがアンガーマネジメントの目的であると述べています（Novaco, 1976、Kassinove & Tafrate, 2002）。実際、アンガーマネジメントは、怒りの頻度と持続時間の低減にも有効であることも立証されています（Beck & Fernandez, 1998）。

　アンガ　マネジメントは、教育分野においても、アメリカをはじめ、イラン、マレーシアなどさまざまな国で危機介入、平和教育、感情教育の一環として発展してきました（Wilde, 2001, 2002；Fitzell, 2007；Valizaden & et al., 2010；Feindler & Engel, 2011；Nasir & Ghani, 2014）。日本においても、教育分野では、子供たちはいじめ防止やキャリア教育の一環として学び、さらに教師は体罰防止、子供たちへの指導や保護者への対応の一助としてアンガーマネジメントを学んでいます（佐藤，2018, 2021）。

　教育分野だけでなく、産業分野や医療・福祉分野ではパワーハラスメント防止やメンタルヘルス不調の予防などを目的にアンガーマネジメントを学ぶ人たちが増えています。

3 感情労働を担う職種に必須なアンガーマネジメント

　「感情労働」とは、A. R. ホックシールド（1983）が提唱した概念で、「公的に観察可能な表情と身体表現を作るために行う感情の管理」を意味します。わかりやすく言うと、相手が満足を得るために自分の感情をコントロールして、相手に合わせた言葉、表情や態度で対応、または応対することです。

　感情労働を担う職種としては、教師、対人援助職（カウンセラー、看護師、医師、介護職）、接客業などが挙げられます。このような職種の人は、ストレスを抱えやすく、疲労の蓄積、メンタルヘルスの不調に至ることも少なくありません。

　しかし、近年ではどの職場においても、感情の起伏が激しい上司や同僚がいたら、そこで働く人は、自分の感情をぐっと抑え、言いたいことも言えず我慢することも少なくありません。このような状況が続く職場では、パワハラ、メンタルヘルスの不調、ストレスによる休職や離職の問題が発生します。これらを事前に予防するためにも、一人一人がアンガーマネジメントを身に付けることが必須なのです。

4 アンガーマネジメントプログラム「ASCLA®」（アスクラ）

　本書で学ぶアンガーマネジメントプログラム「ASCLA®」は、より良い人間関係を築くことを目的に開発され、さまざまな領域で実践されてきました。怒りの感情をコントロールできず、悩み苦しんでいる大人や子供にとって、必要な学びや実践は何かを考え、このアンガーマネジメントプログラム「ASCLA」ができあがりました。

●「ASCLA」におけるアンガーマネジメントの定義

登録商標 6461417 号

> アンガーマネジメントは、自分の怒りの感情に気づき、その感情を弱め、怒りの感情を引き起こす自分の「考え方」を変えていきます。その上で自分も相手も尊重する双方向のコミュニケーション（対話）を通して、問題解決や課題解決をしながら、より良い人間関係を築く方法です。

　本プログラムでは、下に示す5つの領域を学びます。初めに怒りの感情について、次に、日常生活に必要な4つの領域である、ストレスマネジメント、認知変容、傾聴、アサーティブコミュニケーションを学んでいきます。本プログラムは、「傾聴」の学びを取り入れたことが特徴です。そして、知識の習得だけではなく、ワークを通して自己理解を深め、シェアを通して他者理解を促進し相互理解を深めていきます。

> A……Awareness and Understanding of Anger（怒りの感情への気づきと理解を深める）
> S……Stress Management（ストレスの理解と心身を落ち着かせるスキルを習得する）
> C……Cognitive Changing（自分の考え方のくせに気づき、考え方の幅を広げる）
> L……Listening（相手を理解するための傾聴のスキルや心がまえを身に付ける）
> A……Assertive Communication（自他尊重のコミュニケーションを身に付ける）

●アンガーマネジメント「ASCLA」の効果

　本プログラムを身に付けることで得られる5つの効果を紹介します。

> 効果1：怒りの感情に気づいたときに、心身を落ち着かせることができるようになる。
> 効果2：自己理解を深めることで、相手の言動を理解できるようになる。
> 効果3：落ち着いて相手の話を傾聴できるようになる。
> 効果4：落ち着いて相手とコミュニケーションが取れることで、信頼関係を築ける。
> 効果5：5つの領域を学ぶことで**メタ認知能力**を高めることができる。

＊.メタ認知能力とは自分を客観的、俯瞰的に見る力や行動を変える力のこと。

みなさんは、「怒りの感情」に対してどのようなイメージを持っていますか？　自由に書いてみましょう。

1-1

ワーク 1-1 についてグループでシェアしましょう。

1-2
アンガーマネジメントを学ぶ前に、次のワークをやってみましょう。

【ミラクルデイズエクササイズ】

　このワークは、「奇跡の日がやってきたら」と自分に問いかけ、イメージするワークです。アンガーマネジメントを学ぶことで、どのような自分になりたいかをイメージする機会となり、アンガーマネジメントを学ぶモチベーションを維持することができます。「こうなりたい自分」をイメージして、以下の4つの質問について書いてみましょう。

1．アンガーマネジメントを学ぶ目的がすべて達成されたとします。翌朝起きたとき、「奇跡の日」がやってきました。あなたにとって「奇跡の日」とはどのような日ですか？
　　例）起きたときから心も身体もらくになり、てきぱき行動するようになる。

2．最初にあなたの変化に気づくのは誰ですか？　周りの人は、あなたの行動のどのような変化に気づくのでしょうか？
　　例）家族が「笑顔が増えたね」と言ってくれる。

3．2で書いた人以外でも、あなたの変化に気づく人はいますか？
　　例）友人が「最近あまりため息をつかなくなったね」と言ってくれる。

4．誰もあなたの変化に気づかなくても、自分の中で何が変化したと気づくでしょうか？
　　例）今まで、自分を責めることが多かったけれど、自分を責めなくなる。

 自分の書いた内容をグループでシェアしましょう。

　アンガーマネジメントが1970年代に提唱されてから、50年以上が経ちました。当初は、心の病を患っている人を対象に治療として始まりましたが、現代では誰もが抱く怒りの感情によって起こる種々の問題への対処法として、さまざまな領域でアンガーマネジメントが必要とされています。教育分野もその1つです。感情労働を担う教師だからこそ、自分自身のためにもアンガーマネジメントを身に付けることが大切です。本書で学ぶアンガーマネジメントプログラム「ASCLA（アスクラ）」を通して、自己理解を深め、メタ認知能力を高めることが、子供を理解し対応するときの助けになっていきます。さらに自分のメンタルヘルスの維持にもつながっていきます。

 教師として意識しておくこと❶

　古代の哲学者から現代の心理学者までの成果によって、現代のアンガーマネジメントが提唱されました。最近メディアでもアンガーマネジメントという言葉は見聞きすることが多くなり、怒りの感情を簡単にコントロールできると捉える人も少なくありません。しかし、怒りの感情のコントロールは思っているよりも難しいと感じることでしょう。だからこそ、アンガーマネジメントの基本をしっかり身に付け、自分自身の認知傾向や行動傾向を理解することがとても大事になってきます。自分自身のことがわからないのに、相手の感情や行動の背景を推し量ることはできません。これから学校現場では、たくさんの子供たちに出会います。彼らの感情を受け止め、丁寧に扱う教師になってください。本書はそのための「アンガーマネジメントのはじめの一歩」となるでしょう。

♥「教師として意識しておくこと❶」について考えたことや感じたことを自由に書いてみましょう。

✔ 授業が終わった後の「今の気持ちチェック」（8ページ）を記入しましょう。

第2章

感情について

　人はそれぞれ、さまざまな感情を持っています。感情には嬉しい、楽しいなどのポジティブな感情だけではなく、怒り、悲しい、辛い、苦しいなどネガティブな感情もあります。どのような感情でもそれは自分だけの感情で、他者と違っているのは当然です。ある出来事に対して抱く感情は、人それぞれで、どのような感情を持つのが正解ということはありません。

　本章では、自分の感情に焦点を当て、自分の中にあるさまざまな感情に意識を向けます。

📖 **本章で学ぶこと**

　・さまざまな感情があることを知る。

　・自分の感情に焦点を当てて、自分の感情に気づく。

　・感情を表す表情について学ぶ。

💡 **本章のキーワード**

　感情、感情科学、喜怒哀楽、言語情報、聴覚情報、視覚情報、表情、気持ちの木

✔ 授業の前に「今の気持ちチェック」（8ページ）を記入しましょう。

1 感情とは

　日々起こる出来事、物事や人に対して抱く気持ちを「感情」と言います。泣いたり、笑ったり、悲しんだり、喜んだり、怒ったり、人はさまざまな表現方法で感情を表します。感情にはポジティブな感情（嬉しい、楽しい、安心、幸せなど）と、ネガティブな感情（不安、怒り、悲しみ、苦しみなど）があり、それらの感情は人の行動にさまざまな影響を与えます。感情は、自分だけで自己完結するものではなく、他者との関係においても大きな影響を与えます。

　例えば、褒めてもらえると思い、喜び勇んで相手に何かを伝えたが、結果は褒めてもらえるどころか、間違いを叱責されました。このようなとき、がっかりして悲しい気持ちになります。この場合、褒めてほしいと思った相手との関係が感情に影響します。また、相手を喜ばせたいと思ってわくわくしながら何かを伝えたら、全く予想外の反応で、戸惑ってしまったという場合も、喜ばせたいと思った相手との関係が影響していると言えます。感情はあくまで個人の主観的な体験であるため、自分の気持ちを他者に理解してもらうのはとても難しいと言えます。

　さらに、私たちは自分と同じように相手にも感情があることを知っているため、相手の感情を予想したり、想像したりして、自分の行動を決定することもあるのではないでしょうか。例えば、「こんなことを言ったら相手が嫌な気持ちになるかもしれない」と想像して、言いたいことを言わない。相手の表情を見て「楽しそうな表情じゃないのは私と話をしても楽しくないからだ」と想像して、話しかけるのをやめる。このように、相手から何か言われたわけではないのに、相手の感情を勝手に決めつけてしまうことがあります。どうしてそのように反応してしまうのでしょうか。

　小学生や中学生の頃、親や先生など周りの大人から、「人の気持ちを考えなさい」「自分がされて嫌なことは、人にしてはいけません」と言われた人も多いのではないでしょうか。実際に自分が言われていなくても、人間関係のトラブルを起こした友達がそう大人から言われているのを聞いたことがあるかもしれません。

　「人の気持ちを考えなさい」という言葉は、一見わかっているようで実はわからない、正解がありそうで実は正解がない態度や関わりを要求されていることになります。これらは、「空気を読まなければ」という暗黙のルールが人々の中に植え付けられるようになったこととも関係しているように思います。

　このように、人間が営む日々の多くの場面に感情は絡んできます。『感情科学（Affective Science）』（藤田，2007）において、「今日のヒト社会の問題は、感情研究なくして解決できるようには思えない。さらにいえば、感情の理解なくして人類の、いや地球社会の未来をえがけるようには思えない」と述べられるように、感情は今後ますます研究が進められていく分野です。本章では、ヒト社会、地球社会の一員である私たちの「自分の感情」について考えます。よくわからない他者の感情を考える前に、自分の感情に焦点を当てましょう。

●さまざまな感情

　日常生活の中で、その都度意識していなくても、私たちの中にはさまざまな感情が生まれます。出来事に伴う感情を振り返ってみましょう。

2-1

次の出来事が起こったとき、あなたの中にはどんな感情が起こりますか？　感情は人それぞれで正解はありません。あなたの感じるままに書いてみましょう。

①出かける直前に、財布がないことに気づいた。
（　　　　　　　　　　　　　　　　　　　　　　　　）

②バスに乗り遅れそうだったので、全速力で走ったら間に合った。
（　　　　　　　　　　　　　　　　　　　　　　　　）

③自宅に戻ってコートを脱ぐと、袖口にクリーニングのタグが付いたままだった。
（　　　　　　　　　　　　　　　　　　　　　　　　）

④友達に自分の好きなアイドルの名前を教えたら、驚かれた。
（　　　　　　　　　　　　　　　　　　　　　　　　）

⑤友達と話をしていたら、途中で別の友達が割り込んできたので話が中断してしまった。
（　　　　　　　　　　　　　　　　　　　　　　　　）

⑥バイト先でミスをしたとき、お客さんの前で店長から大きな声で叱られた。
（　　　　　　　　　　　　　　　　　　　　　　　　）

⑦着ている服を友達が褒めてくれた。
（　　　　　　　　　　　　　　　　　　　　　　　　）

⑧一生懸命勉強して受けた試験の点数が及第点ぎりぎりだった。
（　　　　　　　　　　　　　　　　　　　　　　　　）

⑨今日はどうしても落とすことができない単位の試験がある。
（　　　　　　　　　　　　　　　　　　　　　　　　）

⑩友人にお金を貸したのに、返すと言った期限を過ぎても返してくれない。
（　　　　　　　　　　　　　　　　　　　　　　　　）

⑪待ち合わせ時間に待ち合わせの場所に行ったのに、1時間過ぎても友人が来ない。
（　　　　　　　　　　　　　　　　　　　　　　　　）

⑫明日レポートを提出しなくてはならないのに、パソコンが固まってしまった。
（　　　　　　　　　　　　　　　　　　　　　　　　）

⑬話をしてみたいと思っていた人から、コンサートに誘われた。
（　　　　　　　　　　　　　　　　　　　　　　　　）

⑭親から「将来のこと、ちゃんと考えているの?!」としつこく言われた。
（　　　　　　　　　　　　　　　　　　　　　　　　）

ワーク2-1についてグループでシェアしましょう。

2 感情は表情に表れる：メラビアンの法則

　みなさんは、相手とコミュニケーションを取るときにどのようなことに注意をしていますか？　話す内容でしょうか、あるいは言葉づかいでしょうか？　どちらも大切な要素ですが、実は内容や言葉づかい以外にも、声のトーン、スピード、表情やしぐさなども相手にメッセージを伝えるときに影響を与える要素です。言語以外の要素がコミュニケーションに影響を与えることを示した法則があります。それが「メラビアンの法則」です。

　1971 年にアメリカの心理学者アルバート・メラビアンが提唱したメラビアンの法則は、コミュニケーションにおける言語・聴覚・視覚の影響の割合を明らかにしました。この法則によると、人はコミュニケーションにおいて、言語情報（話す内容や言葉づかい）から 7%、聴覚情報（声のトーン）から 38%、視覚情報（表情、しぐさ、目線）から 55% の割合で影響を受けます（メラビアンの法則研究所，2023）。この結果からも、コミュニケーションにおいて視覚情報の影響は大きいことがわかります。

　例えば、子供に「○○の発表、頑張ってね」と言った場合を考えてみましょう。「頑張ってね」は言語情報としては前向きなメッセージですが、聴覚情報では冷たく弱々しいトーンで、また視覚情報では子供と目線を合わせず無表情で伝えたとします。このような場合、メッセージを受け取る子供は、「頑張ってと言っているけれど、本当はそんなふうに思っていない。だって、こっちを見ないのは関心がないからだ」と視覚情報を優先して捉えてしまいます。このように言語情報・聴覚情報と視覚情報が一致していないと、メッセージを受け取る相手は、混乱したり、不信感を抱いたりします。感情は表情に表れるため、相手に自分の気持ちや考えていることを伝えるときは、言語情報・聴覚情報・視覚情報の 3 つの要素を一致させることが大切なのです。

　ただし、メラビアンの法則が無条件に「コミュニケーションにおいて視覚情報が最も重要である」と結論付けているわけではありません。コミュニケーションはさまざまな状況や目的によって変化します。例えば、事実やデータを伝える場合は言語情報が重要であり、電話で話す場合は聴覚情報が重要です。人は、言語・聴覚・視覚からの情報が一致しないと、3 つの情報の中の何を信じればよいか迷ってしまい、その中で、自分が一番信頼できる情報を選びます。メラビアンの法則では、その場合の優先順位が視覚→聴覚→言語であることを示しています。

💡 **相手を理解するためのメラビアンの法則**

相手を理解するときにも、メラビアンの法則は活かせます。相手が「大丈夫です」と言っても、相手の表情が暗かったり、目線を合わせようとしなかったりする場合、言語情報と視覚情報の不一致から、「大丈夫って今言ったけれど、何か他に困っていることがないかな？」と声をかけることで、コミュニケーションが深まります。

感情を表す 40 の表情があります。これまで自分が感じた感情を表している表情はどれ
かを選び○をつけてください。その表情の下に感情を表す言葉も書いてみましょう。

2-2

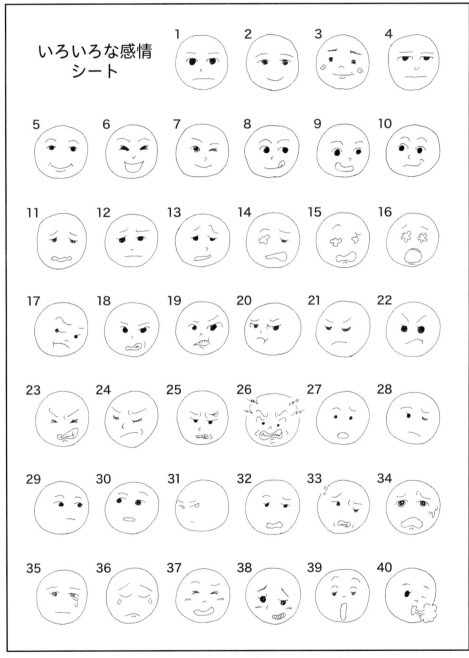

 ワーク 2-2 についてグループでシェアしましょう。

3 自分の感情

　感情は喜怒哀楽だけではなく、それ以外にもさまざまな感情があります。ここでは、自分の感情に焦点を当ててみます。

喜・怒・哀・楽とそれ以外の感情を表す言葉を、下の「気持ちの木」の葉っぱの中に、できるだけたくさん書いてみましょう。

2-3

【気持ちの木】

喜（き）　嬉しい

哀（あい）

怒（ど）　イラつく

その他の感情

楽（らく）

驚く

＊どんな感情もみんな大切な感情です。

ワーク2-3について気づいたことを書いてみましょう。

2-4

ワーク2-4についてグループでシェアしましょう。

22

4 第2章のまとめ

　同じ状況でも人それぞれ抱く感情が違うことがわかったのではないでしょうか。人の感情には「正解」はありません。自分の感情は自分だけのものだからです。他の人と違ったとしてもそれは当然のことで、何の問題もありません。人の気持ちを考える前に、自分の気持ちに気づくことが大事です。自分は今、どんな気持ちだろうと自分に聞いてみてください。自分の気持ちに焦点を当ててみてください。そうすることで、他人とは違う自分の気持ちがわかってきます。それは自分を知ることになり、自分を大切にすることにつながります。

♡ 教師として意識しておくこと❷

　発達段階によって使える言葉の数は限られているので、子供たちは感情を言葉で表現することが難しい場合もあります。上手く表現できない感情を子供たちは何らかの手段で一生懸命に表現しています。例えば、先生に対して反抗的な態度をとったり、壁や机をけったり、友達をたたいたりします。このようなとき、子供たちが表現している行動にのみ注意を向けていたら、「不適切な行動を叱責して、指導しなければ」という教師としての役割にのみ意識が向いてしまいます。教師として意識することは、子供たちの行動の背景にある、言葉にならない「感情」です。子供は感情を受け止めてもらえることで、教師の言葉も受け入れられるようになるのです。

♥「教師として意識しておくこと❷」について考えたことや感じたことを自由に書いてみましょう。

✔ 授業が終わった後の「今の気持ちチェック」（8ページ）を記入しましょう。

コラム　リモートで、感情の共有はできるのか

　2023年5月、新型コロナウイルス感染症の法律上の位置づけが「2類」から「5類」になり、季節性インフルエンザと同じ扱いになりました。常にマスクを付け、リモートでコミュニケーションをとってきた私たちの生活はどう変わっていくのでしょうか。

　NHKで「アフターコロナ　人に会うのがツラい　〜科学で解明！心の異変」というタイトルで、以下のような内容の興味深い番組が放送されました（2023年6月放送NHKスペシャルより）。

＊

　感情は表情に表れると言います。2019年以来3年間続いたコロナ禍では感染防止対策の一環として私たちはマスクの着用を求められました。マスクをしていると目と額しか見ることができません。では、人はマスク姿の相手の感情をどこまで読み取ることができるのでしょうか。

　マスクの影響を調べたオランダの研究があります。マスクをしている状態で、恐怖と驚き、怒りと嫌悪などさまざまな感情の違いを、正しく読み取れるかどうかの実験です。実験の結果、ネガティブな感情ほど読み取りの正答率が低くなりました。ネガティブな感情ほど口もとに違いが出るため、確かな感情の認識には顔の下の部分が必要なのです。マスクをしている状態では表情だけで相手の感情を知ることは難しいことがわかりました。

　また、対面で話をする場合と、リモートで話をする場合の、脳活動の同期現象を調べた東北大学加齢医学研究所の研究があります。

　一緒に会話をして盛り上がり、お互いの感情が同じように変化したら、それに連動して脳の血流量も似たように変化することがわかっています。これが脳活動の同期現象です。参加者は初対面の大学生5名で、一見するとどちらも同じように会話が盛り上がっているように見えます。しかし、実験の結果、対面での会話では脳活動の同期現象が高いのですが、リモートでの会話では何もしていないときと同じ程度でした。

　このことからリモートでは感情の共有は難しく、情報だけが交換されている言葉だけのやり取りになっていることがわかりました。

　「感情のコミュニケーション」を増やすための最新のトレーニングが、米国の公立高校で行われています。米国でも若者たちの心の健康が問題となっていて、全国的に導入が進んでいる学習がSEL（社会感情学習）という、感情のコミュニケーションを学ぶカリキュラムです。学年の壁を越えたSELグループを作り、3年間同じグループで毎週実施されます。嬉しかったこと、人には言いにくい嫌だったことの両方をグループのみんなの前で話し、自分の気持ちや感情を相手に伝えるトレーニングです。参加者には対人関係において、さまざまな効果が出ています。

第 3 章

怒りの感情の理解

　怒りの感情が自分の中に湧いてくると、その感情に振り回されて、冷静な判断ができなくなることがあります。威圧的な言動をしてしまったり、あるいは相手を無視したり避けたりすることはないでしょうか。このような言動をとることがないように、自分の怒りの感情を客観的に捉える視点を持つことが重要です。

　本章では、自分の怒りの感情や相手の怒りの感情を理解する手がかりとして、怒りの感情の特徴やその正体について学びます。

📖 **本章で学ぶこと**

・怒りの感情の特徴について理解する。

・怒りの感情の正体について理解する。

・怒りの感情を客観的に捉える視点を持つ。

🔅 **本章のキーワード**

怒りの感情の特徴、自然で必要な感情、世代間連鎖、認知の影響、怒りの正体、
自己理解、怒りの氷山モデル、怒りの裏側の感情、一次感情、二次感情

✔ 授業の前に「今の気持ちチェック」(8 ページ) を記入しましょう。

1 怒りの感情について

　「怒りの感情って悪い感情？　それとも良い感情？」と質問すると、多くの子供たちは、「悪い感情」に手を挙げます。中には、手を挙げようかどうしようか戸惑っている子供もいます。子供は、小さいときから怒りの感情を表出している身近な大人の様子を観察し、「怒りは良い感情ではない」と学習しているのです。

　また、学校教育の中で、じっくり自分の感情に意識を向けて掘り下げる教育がなされていないことも要因の1つと推察できます。「心の教育」という枠組みで、「人の気持ちを考えましょう」など、他者視点に立てるようになることを目標にした教育があります。しかし、他者視点に立つためには、まず自分自身を知る、自己理解が必要です。自分の感情がよくわからないのに、他者の感情がわかるでしょうか。他者視点に立てるでしょうか。子供たちは、大人が満足する回答はできますが、それは本当の感情でしょうか。子供たちは自分自身の中にある真の感情に耳を傾け、その感情を表現しているでしょうか。自分の中に起きるポジティブな感情もネガティブな感情もみんなOKと受け止めているでしょうか。

　ネガティブな感情を表現し、それを受け止め共感してくれる大人がいてこそ、子供たちは自分自身を表現し、自己肯定感が養われるのです。そんな子供たちの感情を受け止められる教師を目指してほしいと思います。自分の感情に意識を向け、自分自身と向き合ってください。それが結果的には、子供たちを理解することにつながっていきます。

　この章では、「怒りの感情への気づきと理解」について学びます。

2 怒りの定義

　怒りは認知・生理・進化・社会の4つの視点から定義することができますが、それらを統合して、湯川（2008, p.8）は「怒り」を以下のように定義しています。

> 「自己もしくは社会への、不当もしくは故意による（と認知される）、物理的もしくは心理的侵害に対する、自己防衛もしくは社会維持のために喚起された、心身の準備状態」

　つまり、怒りとは、何らかの「脅威」に対する反応であり、「私が脅かされている」状態になると喚起される感情です。例えば、自分の存在や言動が尊重されない場合、自分の目標や欲求が満たされない場合なども、生きていく上で脅威となります（湯川, 2023）。殴られたときなどに怒りの感情が湧くのは、物理的・身体的な脅威となるため当然のことです。

　また、よく「怒り」と「攻撃」が同一と捉えられることがありますが、怒りは感情であり、攻撃は行動です。怒りの感情を抱いているからといって、攻撃的な行動をするとは限りません。怒りの感情が湧いても無視する場合もあるからです。

3 怒りの感情の特徴

この怒りの定義にもとづき、怒りのさまざまな側面を見ていきましょう。

(1) 自然な感情・必要な感情

怒りの感情は喜怒哀楽の１つで、自然な感情です。誰もが日常生活の中で、程度の差はあれ抱く感情です。人は、傷つくことや不快なことを言われたり、思いもよらないことが起こったりすると怒りの感情が起こります。自分にとって不快なことが起こらなければ、怒りの感情は湧いてきません。怒りの感情は、私たちに「何か不快なことが起こっている」と教えてくれるサインであり、必要な感情です。

(2) コミュニケーション的機能

怒り、不安や恐怖などのネガティブな感情は、受け入れ難く、できればこのような感情は持ちたくないと思うものです。例えば、怒りの感情が湧いて、物に当たる、暴言を吐く、何も言わなくなる、泣くなどは自分の感情を言葉で伝えられないために、行動で表しているのです。つまり、怒りの感情は、「今、自分は傷ついていることをわかってもらいたい」「こんなことがあって、すごく頭に来ている」などのメッセージを伝えているのです。このように、怒りの感情やそれに伴う行動には、他者に自分の感情や行動が何を意味しているかを伝えるコミュニケーション的機能があります。

(3) 何かを成し遂げるエネルギーやパワー（原動力）

怒りの感情は何かを成し遂げるエネルギーやパワーにもなります。例えば、市民のエネルギーを結集して、制度を変えるような場合です。世の中には、怒りをエネルギーに変えて、活躍している人もいます。怒りが原動力になって何かを生み出すチャンスにつながることもあります。怒りの感情を前向きに捉えれば、良い方向へ行動を変えることもできるのです。

(4) 心身への影響

怒りの感情は心身へ影響を及ぼしますが、特に身体面で影響を受けるのが自律神経です（第５章で詳しく説明）。怒りの感情が湧いているときは、血圧上昇、心拍数増加、発汗、動悸などの症状を生じさせる交感神経が優位になります。それにより、さまざまな症状を抑制する副交感神経の働きが抑えられてしまい、リラックスした状態になれないため、睡眠にも影響が出てきます。また、血圧が上がったり、脈も速くなったりすることが繰り返されることで、高血圧や動脈硬化、心臓の壁が厚くなる心肥大になる可能性も高くなり、脳卒中や心筋梗塞になる場合もあります（和田, 2010）。また、怒りの感情をコントロールできず、精神的に不安定になり、激しい怒りの後に、うつ状態に陥ったりする場合もあります。

（5）認知の影響

　怒りの感情の喚起は、起こった出来事や状況に対する個人の認知（考え方や捉え方）が影響します。同じ出来事や状況でも、その人の考え方や捉え方で、怒りの感情が強い人もいれば、弱い人もいます（第9章で詳しく説明）。

（6）環境の影響

　怒りの感情の表現の仕方は、生まれ持ったものでも遺伝でもありません。個人が置かれているさまざまな環境の中で学習されていきます。子供が出会う最初の集団は家庭であり、そこで成長していきます。家庭の中で口論が絶えず、親が怒鳴り合っている姿を見れば、子供は、「イライラしたときは怒鳴ればいい」と学習してしまう場合があります。一方、怒鳴られた相手がじっと我慢していれば、それを見た子供は、「イライラをぶつけられても、黙っていればいい」と学習してしまうかもしれません。

　もちろん、これは家庭環境の影響だけではありません。子供たちは保育園、幼稚園、小学校、中学校、高校、大学などもっと大きな集団で、さまざまな経験をして成長していきます。そこで出会った大人からの影響を受ける場合もあります。例えば、教師が感情的になって指導する、あるいはすぐにカッとなって強い口調で言うなどの言動を見ると、子供たちは、「先生があんなふうに怒鳴るんだから、同じことをやってもいい」と無意識にその言動を学習してしまいます。その結果、その子が大きくなったときに、同じことが繰り返されることがあるのです。これを「世代間連鎖」と言います。

　怒りの感情が湧くこと自体は、悪いことではありません。怒りの感情をどのように表現していくのかがとても重要なのです。怒りの不適切な表現の仕方が世代間連鎖しないためにも、適切な怒りの表現の仕方を身に付けることは必須と言えます。

（7）怒りは身近な人に対して出やすい

　日常生活の中で、通りすがりの人や一度しか会わないような人に腹を立てることがあっても、その感情が延々と続くとは限りません。しかし、身近な家族、友人、職場の同僚に対しては、怒りの感情が繰り返し、さらにはより強くなることがあります。身近な人との関係は、一時的な関係ではないからです。つまり、継続的な関係であるがゆえに怒りの原因となる出来事にさらされることが多くなります。さらに、身近な人には「こんなに身近にいるのだから、私のことを理解してくれて当然」という思いが強くなります。そのために、身近な人に対して強い怒りが湧いたり、怒りが増幅したりするのです。

（8）個人差

　怒りの感情は、程度の低い怒り（＝弱い怒り）から程度の高い怒り（＝強い怒り）まで、さまざまな段階があります。同じ出来事でも人によって捉え方が違うため、怒りの程度、持続時間も違ってきます。この個人差も認知の影響によるものです。

怒りの感情の特徴について、どのような印象を持ったか書いてみましょう。

ワーク 3-1 についてグループでシェアしましょう。

4 怒りの感情の正体

　次に怒りの感情の正体について見てみましょう。私たちの周りでは、日々いろいろな出来事が起こります。自分にとって傷つくような出来事や不快な出来事が起こったとき、誰でも怒りの感情が湧きます。それは自然な反応です。例えば、他者から自分の気にしていることを言われたときなど、あなたの頭にはどんな言葉が浮かんでくるでしょうか。"はぁ？　なんで私が気にしていることを平気で言うの！"という言葉が頭の中に浮かんでくるのではないでしょうか。このような言葉が頭の中に浮かんだ時点で、程度の差はあれ、怒りの感情が湧いています。このように、怒りの感情は自分でも意識しやすい感情です。

　怒りの感情が起こったとき、どうしても私たちは怒りの感情そのものに焦点が当たってしまいがちです。しかし、怒りの感情は他のさまざまな感情とつながっています。怒りの感情が起こったとき、「どうしてイライラしてしまうのか」をよく考えてみると、怒りの感情の裏側にはいろいろな感情が隠れていることに気づくことができます。

●「怒りの氷山モデル」で怒りの裏側にある感情を考える

　怒りの感情の裏側にある感情について考えるとき、氷山モデル（右図）を使います。氷山は、水面上に見える部分（氷山の一角）と、水面下の大きな氷の塊で成り立っています。この氷山を心とイメージしてください。氷山の一角にあたる部分は見える部分なので、気づきやすい感情にあたります。この部分が怒りの感情に当たります。怒りの感情が起こったときに、怒りに意識を向け続けていると、自分の怒りに振り回されてしまいます。

　自分の怒りに振り回されないためには、自分自身に「この怒りの裏側には、どんな感情があるのだろう？」と問いかけてください。そして、怒りの裏側にある感情

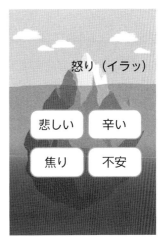

怒り（イラッ）

悲しい　辛い

焦り　不安

に気づくことで、自分の怒りを客観的に見ることができ、怒りの感情に振り回されず、距離を取れるようになります。この怒りの裏側にある感情が、氷山の水面下の部分にあたります。

　例えば、「字が汚いことを気にしているのに、『なんて書いてあるかわからないよ』と言われ、イラッとした。」このような場合、その怒りの裏側を探ってみると、悲しい、辛いという感情が隠れています。この悲しい、辛いという感情が、「怒りの正体」なのです。怒りの感情が最初から起こっているのではなく怒りの正体である感情が先に起こり、それが解消されないがゆえに、怒りとなって意識にのぼるのです。怒りの正体である感情が先に起こっているので「一次感情」、それによって引き起こされる怒りの感情を「二次感情」と言います。

　このように怒りの感情は、他の感情とつながっていて、さまざまなメッセージを私たちに伝えてくれます。他者が怒りを表出しているときに、この氷山モデルを使って他者の怒りの裏側にはどんな感情があるかを探ることも、他者を理解する上で重要です。

怒りの感情が起こった出来事を思い出し、そのときの怒りの裏側にある他の感情を探り、書いてみましょう。
3-2

出来事

怒りの裏側にある感情を探るワークをして気づいたことを書いてみましょう。
3-3

ワーク 3-3 についてグループでシェアしましょう。

 子供のケースを考えてみましょう。以下のような出来事が起こりました。ケースを読んで、子供の怒りの裏側にある感情を考えて、書いてみましょう。

3-4

出来事

A君は、小学生のとき、名前ではなく、友達からあだ名をつけられあだ名で呼ばれていました。中学生になったA君は、今度はB君から違うあだ名をつけられ、そのあだ名で呼ばれています。みんなの前であだ名で呼ばれると、友達に笑われることもあり、そのたびに、イライラしてしまいます。

3

怒りの感情の理解

 A君の怒りの裏側にある感情を書いてみて、気づいたことや考えたことを書いてみましょう。

3-5

 子供の怒りを理解するときの視点について、グループで話し合ってみましょう。

　怒りの感情に対して、良い印象を持つ人は、あまりいないのではないでしょうか。しかし、怒りの感情の特徴を知ると、悪い側面だけではないことがわかります。また、怒りの感情は気づきやすい感情のため、自分の中に怒りが湧いてくると、その感情にとらわれがちです。実は怒りの感情の裏側にはさまざまな感情があり（一次感情）、それらの感情によって引き起こされるのが怒りの感情（二次感情）です。怒りの感情を丁寧に見ていくことで、そこからさまざまなメッセージを受け取ることができ、自己理解を深めたり、他者理解を深めたりすることができます。

 教師として意識しておくこと❸

　学校現場では、たくさんの子供たちに出会います。攻撃的・衝動的な行動をしてしまう子供、黙って何も言わない子供、泣くだけの子供。このような行動を示す子供たちにどう接したらよいか戸惑う教師も多くいます。攻撃的・衝動的な行動をする子供であれば、必ず怒りの感情が彼らの中に起こっています。そのようなとき、氷山モデルを使い、その子供の怒りの裏側にある感情を探り、それを教師は言語化して伝えていきます。「友達を殴ってしまったけれど、何か嫌なことがあったのかな？」と質問してみるのです。また、黙っているからといって、怒りの感情がないわけではありません。怒りの感情を抑え込んでいる場合も多いのです。「泣くくらい辛いことがあったの？」と声かけをしてください。怒りの氷山モデルを頭に浮かべ、それを使いながら子供たちと対話をしていきましょう。

♥「教師として意識しておくこと❸」について考えたことや感じたことを自由に書いてみましょう。

✔ 授業が終わった後の「今の気持ちチェック」（8ページ）を記入しましょう。

第4章

脳と怒りの感情の関係

怒りの感情が起こっているとき、私たちの脳の大脳辺縁系の奥深くにある「扁桃体」が活動しています。扁桃体は恐怖、怒りや不安などの感情が生み出される場所です。一方、冷静で落ち着いているときは大脳の前部、「前頭葉（前頭前野）」が働いています。前頭葉は思考、判断、意欲や想像など人間の司令塔の役割を担っています。

本章では、脳のそれぞれの役割や働きを知り、怒りの感情との関係を理解します。また怒りの表出の仕方についても学びます。

📖 **本章で学ぶこと**

・扁桃体と前頭葉の働きを学ぶ。

・怒りの表出の仕方を考える。

・キレないために、身体感覚と言葉をつなげることを理解する。

💡 **本章のキーワード**

脳の働き、大脳新皮質、扁桃体、前頭葉、神経伝達物質、ストレスホルモン、闘争・逃走反応、キレる、身体感覚、感情の言葉

✔ 授業の前に「今の気持ちチェック」（8ページ）を記入しましょう。

1 怒りを感じているときの脳の働きとストレスとの関係

　私たちが怒りを感じているとき、私たちの脳ではどのようなことが起こっているのでしょうか。また、脳のどの部分が働いているのでしょうか。怒りを感じているときと落ち着いて冷静なときでは、何が違うのでしょうか。ここではそれらに関する脳の働きを見ていきます。

●扁桃体の機能

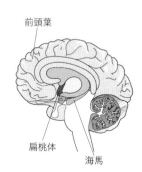

　私たちの脳の構造はとても複雑で、多くの部位に分かれています。大きく「大脳」「小脳」「脳幹」に分かれ、そのうち大脳は「大脳皮質」「大脳新皮質」「大脳辺縁系」に分かれます。感情にかかわる重要な働きをする場所の1つが、大脳辺縁系奥深くに位置している「扁桃体」と呼ばれるところです。扁桃体は、アーモンド（扁桃）の形に似ていることからその名前が付けられました。

　扁桃体は恐怖、不安や怒りの感情が生み出される場所です。私たちがイライラしたときはここが働いています。また外敵への攻撃や逃避行動など、個の生存のための本能行動も司っています。扁桃体の近くには、記憶を司る「海馬」という場所があり、記憶情報を取り込み、好き嫌い、快不快を判断する機能も備えています。

　例えば、目の前から危険な人物が迫ってきたとしましょう。そんなとき私たちはどのような行動をするでしょうか。逃げられる状況であれば逃げるでしょうし、逃げられない状況であれば、自分を守るために必死で闘うのではないでしょうか。これは自己防衛のための本能行動で、「闘争・逃走反応」と呼びます。扁桃体は私たち人間が人間になるよりずっと以前の、生物に脳が生まれた5億年ほど前から存在している機能だと言われています（NHK取材班, 2014）。

　怒りの感情が喚起されると、脳内では、神経伝達物質（ノルアドレナリン、アドレナリン、コルチゾールなど）が分泌されます。その中でもノルアドレナリンはストレスを受けると放出され、神経を興奮させるストレスホルモンで、「怒りのホルモン」と呼ばれることもあります。敵と遭遇したとき、のんびりリラックスしていたら、逃げたり、闘ったりすることはできません。自分を守るために筋肉を固く緊張させて、心拍数を上げ、血圧を高め、瞳孔を開き、運動能力を上げて、臨戦態勢をつくるのです。

　原始時代と違い現代社会においては、外敵に襲われたり、命の危険を伴ったりするような激しいストレスに晒されることはほとんどありません。しかし現代社会ならではのさまざまなストレスが、扁桃体を刺激しているのです。

　自分を守るための本能行動は、どのような動物にも必要です。つまり扁桃体は人間だけでなくすべての動物にあります。しかし、進化の過程で人間ならではの機能を備えている場所があります。それが大脳の前部「前頭葉（前頭前野）」です。

●前頭葉の機能

　大脳と呼ばれるように、進化の過程で人間の脳は大きくなり、さまざまな機能が備わりました。前頭葉は大脳新皮質（大脳皮質のうち表面の3ミリほどの進化的に比較的新しい部分）に属し、人間の脳の中でも一番人間らしい行動を司る司令塔のような働きをする場所です。人間の前頭葉は脳の30％ほどを占めており、他の動物と比べても著しく発達しています。例えば、猫は3％、賢いと考えられているチンパンジーでも17％だと言われています（科学雑学研究倶楽部編，2016）。

　前頭葉は思考、判断、意欲や想像を司り、行動計画を立てたり、実行したりするなど人間の司令塔としての役割を担います。また前頭葉には感情をコントロールする機能もあります。前頭葉がしっかり働いてくれることで、感情に振り回されず冷静な判断ができるのです。

　しかし、残念なことに前頭葉もまたストレスの影響を受けてしまいます。前述したストレスを受けることで分泌されるストレスホルモンは、敵から逃げたり闘ったりするためには重要なのですが、それは一時的なストレスの場合であり、長期間続くと全く違ってくるのです。ストレスホルモンの過剰な状態が長期間続くと、脳の神経細胞に悪影響を及ぼし、前頭葉が正常に働かなくなるのです。「うつ病」の研究では、前頭葉がダメージを受けていることで、憂鬱な気分や、不安感をコントロールしにくくなったり、物事をやり遂げるための働きが低下したりしてうつ病の症状が出ることがわかっています。それだけではなく、前頭葉の委縮は扁桃体の機能が過剰になっていることが影響していることもわかってきました（NHK取材班，2014）。

　「ストレスをためないように」というよく聞くフレーズには、このような意味が込められています。ストレス自体をなくすことはできなくても、ストレスと上手に付き合うことは、怒りの感情をコントロールする上でも重要なポイントとなります。

扁桃体と前頭葉の機能について、自分自身の状態を振り返ってみたとき、考えたことや気づいたことなどを書いてみましょう。

4-1

> 例）怒っているとき、確かに呼吸が速いような気がする。

ワーク4-1についてグループでシェアしましょう。

4

脳と怒りの感情の関係

「キレたら手がつかない」「逆ギレされた」など、自分や他者の行動を「キレる」と表現することがあります。「キレる」とは我慢が限界に達し、理性的な対応ができなくなることを言います（広辞苑, 2018）。

●2種類の「キレる」タイプ

本章では、2種類の「キレる」タイプを紹介します。1つは、自分の怒りの感情をコントロールできず、衝動的・攻撃的な行動をしてしまう、またはその状態です。もう1つは、人間関係を断ち切る行動をしてしまう、またはその状態です。前者は周りから人間関係を切られてしまいます。なぜなら、他者の攻撃的な行動により自分が傷つかないように、人はこのような行動をする人と距離を取るようになるからです。後者は、自分から人間関係を切ってしまいます。なぜなら、人と関わるときは常に自分の気持ちを我慢して抑えこんでしまうため、人と関わることが苦しくなり、自分から距離を取るようになるからです。どちらのタイプも「人間関係」が断ち切られた状態となります。

2種類の「キレる」タイプは、それぞれにどのような行動となって現れるでしょうか。下の枠の中に、それぞれのタイプに該当する具体的な行動や事象を書いてみましょう。
4-2

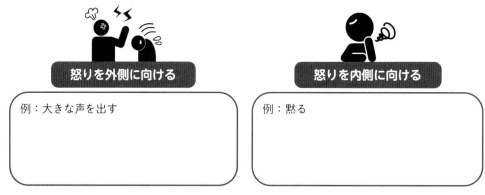

怒りを外側に向ける

例：大きな声を出す

怒りを内側に向ける

例：黙る

ワーク 4-2 についてグループでシェアしてみましょう。

あなたは、どちらかと言えば、怒りを外側に向ける傾向がありますか？　それとも、内側に向ける傾向がありますか？　自分の怒りの表出の仕方について考えてみましょう。
4-3

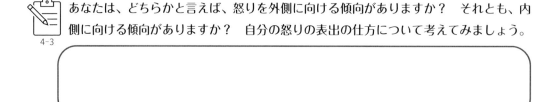

3 身体感覚と感情の言葉をつなげる：キレないためにできること

　大人も子供もネガティブな感情が起こると、身体にも反応が現れます。不快な出来事が続いていると、「もやもやしている」「胸のあたりがざわざわする」などと言ったりします。このようなときは、私たちの身体にネガティブなエネルギーが流れているのです。このネガティブなエネルギーは身体感覚とも言えるでしょう。

　例えば、「○○な出来事が起こって、ずっともやもやしているけれど、不安から来るのかもしれない」などが挙げられます。このように、身体感覚（もやもや、ざわざわなど）と感情の言葉（不安）を結びつけ、それを言葉で伝え、他者に受け止めてもらえると、自分の中にあるネガティブなエネルギーを溜め込まなくなるので、キレにくくなります。

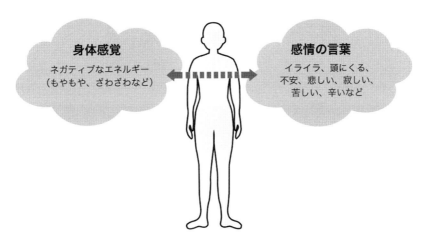

●身体感覚と感情の言葉を結び付けるコミュニケーションの例 （教師 A と子供 B）

A：さっき、C 君と言い争っていたように見えたけど、何があったの？

B：は、はい。だって C がいつも自分に嫌なことを言ってくるから、言い返したかったけど、言えなかったんです。

A：そうか…。言えなかったんだね。…今、体はどんな感じ？

B：言い返せなかったし…何だかもやもやしています。

A：どのへんがもやもやしている？

B：このへんかなぁ。（胸のあたりを指す）

A：そうかぁ、胸のあたりがもやもやするんだね。もやもやするのは、C 君が君に嫌なこと言ってくるからだよね。いつも言われると辛いし、不安になるのかな。

B：はい、そうです。「言うなよ」って伝えたけど、やめてくれないから、ほんと、嫌だ！　辛いし…これからも言われるのかなって思うと、不安になる！

A：そうだよね。辛いし、不安になるよね。

4 第4章のまとめ

　脅威に対して扁桃体が働いてくれることで、私たちは自分の身を守ることができます。しかし、ささいなことであれ、ストレスで怒りの感情が起こったときもまた、同じように扁桃体が働いています。一方、冷静に物事を見たり判断したりしているときは、前頭葉が働いています。しかし、その前頭葉もまたストレスの影響を受け、それが長く続く場合には、前頭葉の働きが弱まってしまいます。前頭葉がしっかり働くためにもストレスと上手に付き合うことが重要となります。また、キレないためにネガティブな感情から起こる身体感覚を言葉にして伝えることも重要です。

 教師として意識しておくこと❹

　子供たちの脳は大人とは違い、発達の途中です。大人でも前頭葉を働かせて冷静に落ち着いて、あらゆることに対応するのは簡単なことではありません。子供たちはなおさらです。イライラして、キレてしまうこともあるでしょう。だからこそ大人である教師は落ち着いて、キレている子供たちの成長発達に合わせて、冷静に対応することが重要なのです。怒りで興奮している子供たちをしっかり観察し、声をかけてあげましょう。キレてしまう理由が何かあるはずです。まず、彼らが落ち着くために何ができるかを、次章のストレスマネジメントを参考にして、考えて対応していきましょう。

♥「教師として意識しておくこと❹」について考えたことや感じたことを自由に書いてみましょう。

✔ 授業が終わった後の「今の気持ちチェック」（8ページ）を記入しましょう。

 p. 36 のワーク 4-2 の回答例

〈怒りを外側に向ける〉　暴言を吐く、物や人に当たる、壊す（暴力）、パワハラ、家庭内暴力、虐待、体罰、ネット上の誹謗中傷、非行、犯罪など。
〈怒りを内側に向ける〉　他者との関係を断つ（会わない、話さない）、学校に行かない、部屋に引きこもる、食べない・食べ過ぎる、リストカット、メンタルヘルスの不調、自殺など。

第5章

ストレスマネジメントⅠ
—ストレッサーとストレス反応—

　私たちは日々、さまざまなストレスに晒されています。ストレスは原因（ストレッサー）とそれによって引き起こされる反応（ストレス反応）に分けることができます。ストレス反応は感情、身体、行動に現れます。

　本章では、まずは自分のストレッサーとストレス反応に気づいてもらいます。さらに、ストレスが過剰になると、自律神経にさまざまな影響を与え、バランスが崩れ心身の不調に陥ることがあることを理解します。そして、自分のストレス状態を把握し、ストレスへの対処法であるストレスマネジメントの必要性について学びます。

📖 **本章で学ぶこと**

・ストレッサーとストレス反応について学ぶ。

・自分のストレッサーとストレス反応に意識を向ける。

・ストレスの自律神経への影響について理解する。

💡 **本章のキーワード**

ストレス、ストレッサー、ストレス反応、ストレスマネジメント、良いストレス、悪いストレス、自律神経、メンタルヘルス

✔ 授業の前に「今の気持ちチェック」（8ページ）を記入しましょう。

1 ストレスについて

　ストレスという言葉は、今日では誰もが日常的に使用する言葉となっています。大人はもちろん、小学生であっても「ストレスがたまる」と言う時代です。ストレスに対するイメージを尋ねてみると「自分にとって嫌なもの」「もやもやする」「辛い、しんどいもの」などとネガティブなイメージとして捉えられていることが多いのではないでしょうか。

　改めて「ストレスとは何か」を尋ねられると、的確に答えることが難しいでしょう。熊野（2013）は、「ストレス」が実体ではないということを理由としてあげています。つまり、身体の中のどこかを覗いてみたり、何らかの物質を測定したり、あるいは特定の質問をすることによってストレスを確実に特定できるわけではない。つまりストレスとは実体ではなく、多くの人々が共有する体験に基づいて仮定された「構成概念」であるため、そもそもすべての研究者が一致して厳密な定義を下すことが不可能なのです。

　上記のように特定が難しいものであるにも関わらず、ストレスはさまざまな場面で人間の活動に多くの影響を与えるため、ストレスについて理解をしておくことはとても重要です。ここでは、ストレスを、ストレスの原因（ストレッサー）と、それによって引き起こされる反応（ストレス反応）に分けて考えます。

●ストレッサーとストレス反応

　私たちの日常生活には日々さまざまな出来事が起こります。それらの出来事が刺激となり、感情・身体・行動に何らかの反応が起こります。「ストレス」とは何らかの刺激によって人間の心と身体に圧力がかかり、ひずみが生じた状態のことを言います。遭遇した出来事（ストレッサー）が自分の対処能力を超えた脅威であると捉える（認知的評価）ときに、ストレス反応が生じるのです（下図）。

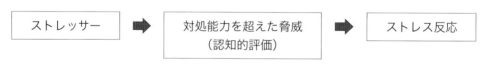

ストレスが起きるメカニズム

例1）単位を落としたら実習に行けないと先生から言われ（ストレッサー）、今回の試験は難しいから単位を落とすかもしれないと考えたら（認知的評価）、急に不安になって（感情のストレス反応）、心臓がドキドキして（身体のストレス反応）、勉強が手に付かず、スマホを見続けてしまう（行動のストレス反応）。

例2）好きな服を着て出かけたら、友達が自分の服を見て笑った（ストレッサー）ので、そんなにおかしいのかと考えたら（認知的評価）、イライラしてきた（感情のストレス反応）。頭に血が上って（身体のストレス反応）、「あなたの服、去年流行っていたよね」とつい言ってしまった（行動のストレス反応）。

---

2 自分のストレッサーとストレス反応

　日頃、私たちは自分のストレッサーを意識することなく、目の前の日課や課題をこなすことに忙殺されているかもしれません。そして、気づいたら心も身体も疲弊していたということはないでしょうか。ストレスを感じたとしても、そのストレスをストレッサーとストレス反応に分けて考えることはあまりないと思います。ここでは、自分のストレスについて考えてみましょう。

風船を自分だとイメージしてください。その中に自分のストレッサーを書き、そのストレッサーによって、感情・身体・行動にどのような反応があるか書いてみましょう。

5-1

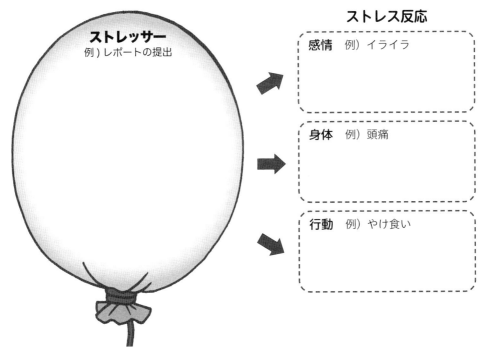

ストレス反応

ストレッサー
例）レポートの提出

感情　例）イライラ

身体　例）頭痛

行動　例）やけ食い

5

ストレスマネジメントⅠ

自分のストレッサーとストレス反応を記入してみて、気づいたことを書いてみましょう。

5-2

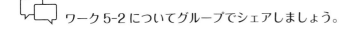

ワーク 5-2 についてグループでシェアしましょう。

41

3 良いストレスと悪いストレス

　ストレッサーによってさまざまなストレス反応を引き起こすストレスは、ない方がいいのでしょうか。全くストレスがなければ、私たち人間はどうなってしまうのでしょうか。

　感覚情報を全く受けない状態で、人はどのくらい精神状態を保つことができるかを調べる感覚遮断実験が、かつて人を対象に行われました。真っ暗な防音室で触覚刺激のない中で4〜5日間過ごすと被験者の半分くらい幻覚を体験するという報告があります（林・加藤，2023）。この結果から、人間には適度なストレスは必要だということがわかります。

　ストレスがその人にとって良いものになるか、悪いものになるかは、そのストレスに対するその人の捉え方が関係している場合もあります。例えば、明日の単位試験（ストレッサー）を落としたら大変なことになると考え、ドキドキして、机に向かってテキストを読んでいても全く頭に入らず、不安でいっぱいになり、眠れないとしたら、単位試験はその人にとって悪いストレスとなります。しかし、勉強は大変だが、知識が増えることは嬉しいし、単位が取れたらもっと嬉しいから頑張ろうと考え、落ち着いて集中することができるのであれば、その単位試験はその人にとって良いストレスとなります。なぜなら、やる気や達成感につながるからです。

　このように、ストレスをどのように捉えるか、考えるか、または意味付けするかがストレス反応に影響します。日々遭遇するストレスが自分にとってどのようなものかを意識してみましょう。

5-3

以下の出来事をどのように考えたり、捉えたりすると、その出来事はあなたにとって良いストレス、あるいは悪いストレスになるでしょうか？

出来事①：友達にメールを送った。いつもはすぐ返事が来るのに、今日はまだ返事が来ない。
　良いストレス（　　　　　　　　　　　　　　　　　　　　　　　　　　　　　　）
　悪いストレス（　　　　　　　　　　　　　　　　　　　　　　　　　　　　　　）

出来事②：バイト先から連絡が入り、今日のシフトに入っている学生が来られなくなったので、すぐに来てくれと言われた。
　良いストレス（　　　　　　　　　　　　　　　　　　　　　　　　　　　　　　）
　悪いストレス（　　　　　　　　　　　　　　　　　　　　　　　　　　　　　　）

　ワーク5-3についてグループでシェアしましょう。

4 ストレスマネジメントの効果

　「自律神経」という言葉を聞いたことがありますか。神経は「中枢神経」（脳と脊髄）と「末梢神経」（体中に張り巡らされている神経）に分けられ、そのうち末梢神経は、意思によって身体の各部を動かす「体性神経」と、自分の意思に関係なく刺激に対して自律的に反応して身体の機能を調整する「自律神経」に分けられます。自律神経は、自分の意思でコントロールできません。例えば、暑いときに体温調節のために汗が出るのは自律神経の働きで、その汗を手で拭うのは体性神経の働きです。

　また、自律神経は、内臓の代謝や血液の流れをコントロールする神経で、交感神経と副交感神経という逆の働きをする2つに分かれています。交感神経は身体を活発に動かすときや緊張するときに働き、副交感神経は身体を休めたり、リラックスしたりするときに働きます。常にこれらが互いにバランスを取りながら身体の状態を調節しています。そのバランスが崩れてさまざまな症状が出ることを、自律神経失調症と呼びます（小林，2020）。

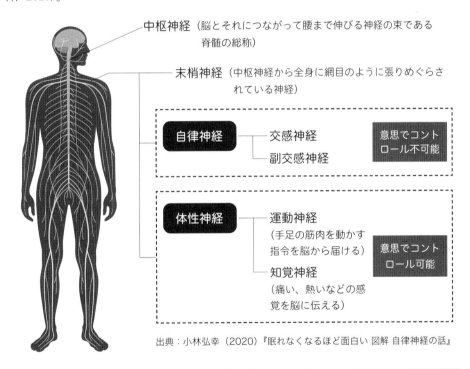

中枢神経（脳とそれにつながって腰まで伸びる神経の束である脊髄の総称）

末梢神経（中枢神経から全身に網目のように張りめぐらされている神経）

自律神経 ─ 交感神経
　　　　　└ 副交感神経
意思でコントロール不可能

体性神経 ─ 運動神経（手足の筋肉を動かす指令を脳から届ける）
　　　　　└ 知覚神経（痛い、熱いなどの感覚を脳に伝える）
意思でコントロール可能

出典：小林弘幸（2020）『眠れなくなるほど面白い 図解 自律神経の話』

例）明日就職の面接があるため早く寝たいのに、「面接で質問にちゃんと答えられるだろうか、わからないことを聞かれたらどうしよう」などと考えていたら、次から次に不安がよぎって全く眠ることができない。

　このような場合、本来は夜寝る時間になると副交感神経が働き、眠る状態を作るのですが、交感神経が優位になり眠ることができなくなっています。

自律神経の働き

交感神経		副交感神経
緊張	筋肉	弛緩
上昇	血圧	低下
収縮	血管	拡張
停滞	血流	スムーズ
上昇	心拍数	低下
促進	発汗	抑制

参照：小林弘幸（2021）『自律神経にいいこと超大全』(p.127)

　適度な緊張は仕事の効率を上げますが、緊張のし過ぎは、本来その人が持っている能力を発揮することを妨げ、パフォーマンスを下げる要因となります。

　ストレスマネジメントは、ストレスへの対処法を身に付け、日常的に実践することでストレスと上手に付き合うことを目的としています。そうすることで、自律神経のバランスも保つことができるのです。イライラしたときに、ストレスマネジメントのスキルやリラクセーション法を実践することで、心身が落ち着き、衝動的な言動を回避することができます。心身がリラックスした状態になるため前頭葉も機能し、ストレスに対する抵抗力が高まります。さらに、副交感神経が優位に働くことで、気持ちが安定する、緊張感や疲労感が減少し、集中力がアップするなどの効果があります。

5　メンタルヘルスの不調を予防するために

　メンタルヘルス不調の予防には、日頃から自分のストレッサーやストレス反応に意識を向けることが大事です。ストレス反応には、眼精疲労、肩や首の凝り、すっきりと起きられない、湿疹が出るなどの初期症状があります。初期症状を対処しないでそのままにしておくと、疲れやすい、イライラや焦り、抑うつ気分、不眠や過眠などの慢性症状となって現れます。ストレス反応を軽減するためにも、日頃からストレスマネジメントのスキル、気分転換やリラクセーションを取り入れていきましょう。

　また、質の良い睡眠や食事のバランスもメンタルヘルスの維持には欠かせません。6時間以上の睡眠は、日中の眠気や疲労感を改善し、質の良い睡眠には運動や入浴も効果的です。そして、精神を安定させるセロトニン（詳しくは6章で解説）を効率的に増やすバランスのよい食事もメンタル不調の予防になります（渡辺, 2022）。

　新しい環境下では、メンタルヘルスの不調は誰にでも起こる可能性があります。「精神的に弱いと思われないか」「もっと頑張らなくては」と自分を追い詰めないでください。一人で悩みを抱え込まないで、誰か安心できる人に相談することもメンタルヘルス維持には肝要です。

　ストレスはストレッサーとストレス反応に分かれます。ストレス反応をそのままにしておくと、心身のバランスが崩れ不調が生じます。私たちの心身のバランスを保つ働きをしてくれるのが自律神経です。この自律神経は、内臓の働きや血圧、血流など自分の意思では自由にできない機能を 24 時間、常にコントロールしてくれます。このように身体をコントロールする神経をひとくくりに自律神経と言いますが、実際には身体の働きをコントロールする交感神経（緊張させる）と副交感神経（リラックスさせる）の 2 種類の神経が働いています。この 2 つの神経がお互いにバランスをとりながら身体の機能を司っています。ストレス反応を軽減するためには、ストレスへの対処法を身に付け、日頃から自分のストレッサーやストレス反応に意識を向けることが大事です。また、一人でストレスを抱え込まないで、人に相談することも重要な対処法の 1 つです。

 教師として意識しておくこと❺

　誰にでもストレスはあります。大人だけでなく、子供にも当然ストレスはあります。イライラして物に当たったり、友達に嫌なことを言ったり、あるいは何を聞いても黙っている子供に出会ったとき、その子の行動にのみ焦点を当てるのではなく、「この行動はストレス反応として現れているのかもしれない」と考えてみてください。そして、「この子のストレスの原因はいったい何だろう」と子供が表す行動の背景を探るために、行動を観察したり、気持ちを聴いたり、保護者に自宅での様子を尋ねたりしてください。そうすることで、彼らのストレスの原因が見え、どのようなストレス反応が現れているかがわかり、子供のストレスが少しでも軽減する関わり方を考えられるようになります。

♥「教師として意識しておくこと❺」について考えたことや感じたことを自由に書いてみましょう。

✔ 授業が終わった後の「今の気持ちチェック」（8 ページ）を記入しましょう。

コラム　思春期の子供たちの脳

　思春期の開始時期が世界的に早まっていると言われています。思春期の子供たちへの教育を担っている学校現場では、さまざまな課題に直面しています。思春期の子供たちは、時として、大人が想像もしないような行動をします。そのような10代の脳が一体どうなっているのか、『別冊日経サイエンス　脳科学のダイナミズム』（2017）に「10代の脳の謎」というタイトルで次のような論文が掲載されています。

＊

　ティーンエージャー（10代）の脳は矛盾に満ちていて、生物における失敗例だとしばしば揶揄されてきました。10代の若者が危険な、あるいは攻撃的な行動を取ったり、全く不可解な振る舞いをしたりするのは、脳に何らかの欠陥があるからだと神経学者は説明してきました。

　しかし、過去10年間の革新的な研究によって、この見方が誤りであることが判明しました。10代の脳は欠陥品でもないし、大人の脳の生煮え版でもないのです。子どもの脳とも大人の脳とも異なる働きをする進化の過程で作り上げられてきたのです。

　10代の脳の最大の特徴は、脳領域間のネットワークを変更することによって環境に応じて変化できることです。この特別な可変性、つまり「可塑性」はもろ刃の剣です。可塑性のおかげで、10代の若者は思考と社会性の両面で大きく成長できるのですが、一方で危険な行動に走ったり、深刻な精神障害を発症したりしやすいとも言えます。

　こうした危険な行動は大脳辺縁系のネットワークの成熟期のずれに起因しています。大脳辺縁系は感情を司る領域で、思春期に急激に発達します。一方健全な判断と衝動の制御を促す前頭前皮質は大脳辺縁系に遅れて成熟します。20代になっても前頭前皮質が顕著に変わり続けていることが明らかになっています。さらに、思春期の開始時期が世界的に早まっており、思春期のこの「ミスマッチ期間」が長期化しているのです。

　若者が最終的に大人らしく振る舞うようになるためのカギは、これまで考えられてきたような脳領域の成長ではなく、脳領域を結ぶネットワークの可塑性にあります。このことを理解し、現代の若者では感情と判断それぞれを司るネットワークの発達時期のずれが拡大していることを認識する必要があります。

　10代の脳への理解を深めることで、親や社会は彼らの典型的な行動と精神疾患の兆候を見分けられるようになり、若者がなりたい大人になる手助けができるのです。

第6章

ストレスマネジメントⅡ
─ストレスをやわらげる方法─

ストレスへの対処法であるストレスマネジメントにはさまざまなスキルがあります。

本章では、それらを学び、時と場所や状況に合わせて、また自分のストレスの程度に合わせて、有効な方法を見つけます。さらに、ストレス社会を生き抜くための方法として脳内の神経伝達物質のセロトニンに注目し、落ち着いた脳の状態を作り出すセロトニン神経を活性化させる方法についても紹介します。

📖 **本章で学ぶこと**

・ストレスをやわらげるストレスマネジメントのスキルを学ぶ。

・ストレスマネジメントのスキルを実践する。

・ストレス社会に必要なセロトニン神経を活性化させる方法を学ぶ。

💡 **本章のキーワード**

ストレスマネジメントのスキル、10秒呼吸法、セルフトーク、タイムアウト、
思考停止法、筋弛緩法、一点集中法、怒りの温度計、セロトニン、セロトニン神経

✔ 授業の前に「今の気持ちチェック」（8ページ）を記入しましょう。

1 私たちを取り巻くストレス社会

　現代社会では、誰もがストレスに満ちた日常生活を送っています。ストレスは社会の
さまざまな事件や事故として現れ、報道されることがあります。社会や家庭内での暴力、
親による子供への虐待、教師による子供への体罰、上司から部下など権力のある人から
ない人へのパワーハラスメントなど、さまざまな出来事が起こっています。それらの背
景には、ストレスが大きく影響しています。

　虐待を例にとれば、わが子への期待や理想を抱いた親にとって、期待通りの行動をし
ない子供がストレッサーとなり、怒りの感情が湧き暴力となって現れることがあります。
また同じように、教師にとって、自分が描いた理想通りに子供たちが行動しないことが
ストレッサーとなり、暴言を吐いたり体罰を行ったりしてしまうのです。

　前章で学んだように、日常の中で起きるさまざまな出来事がストレスになる可能性が
あります。ストレスへの対処法を身に付け、ストレスと上手に付き合うことが、現代の
ストレス社会を生き抜くためにはとても重要であり必要なことです。

6-1

小学校・中学校・高等学校を通して成長してきた中で、みなさんにとって学校生活や当
時の家庭生活はどうでしたか？　勉強、テスト、部活動、親との関係、兄弟姉妹との関
係、友人関係、教師や顧問との関係等、良くも悪くも印象に残っている出来事はどのよ
うなことでしょうか？　どのようなことでも書ける範囲で書いてみましょう。

ワーク 6-1 についてグループでシェアしましょう。

48

2 ストレス状態をやわらげるストレスマネジメントのスキル

　ストレスマネジメントの目的は、ストレスが溜まりイライラしたときなどに、さまざまなスキルを実践することで心身を落ち着かせ、衝動的な言動を回避することです。日々の生活の中にストレスマネジメントを取り入れるための具体的なスキルを紹介します。

(1) 10秒呼吸法

　怒りに対する呼吸法の効果を研究した井澤ほか（2002）は、人が怒りを感じているとき、呼吸法が生理的な側面（血圧が減少する）のみならず、怒りの感情の軽減にも効果があることを明らかにしました。ここでは、腹筋を使う10秒呼吸法を紹介します。

〈やり方〉

① 1、2、3、4で深く息を吸います。

② 5で息を止め、6、7、8、9、10で口から息をゆっくり吐きます。

③ 吐く息に意識を集中し、お腹に吸い込んだ息がもうないというところまで吐いてください。吐き終わると、自然に息を吸う状態になります。

〈ポイント〉

・吸う息より吐く息に意識を向けます。息を吐くときはゆっくり吐いてください。

・息を吐くときは、ネガティブな感情を吐き出すイメージで吐くと効果的です。

・無理のない自分のペースで3〜4回、落ち着くまで繰り返しましょう。

〈消去動作のやり方〉

　消去動作とは、リラックス状態から身体を覚醒させるために行う動作のことです。日常生活の中で活動するのに最適な緊張レベルに調整することが目的です。

① ジャンケンの「グー」を作ります。

② 握った手をグー、パー、グー、パーします。

③ 次にひじの屈伸をします。曲げて、伸ばして、曲げて、伸ばして。

④ 両手を組んで大きく伸びをして、はい脱力。

(2) セルフトーク

　ネガティブな考えで頭がいっぱいになると、ネガティブな感情が起こります。そのようなとき、気持ちを落ち着かせる言葉を自分に言い聞かせます。例えば、発表会前に「落ち着け！　大丈夫！」など、自分が前向きになれる言葉をかけてください。

(3) タイムアウト

　ある状況下でイライラして、衝動的な言動をしてしまうこともあります。そのような言動を回避するスキルが「タイムアウト」です。その場を離れてクールダウンします。

〈ルール〉

　何も言わずその場を離れることは、自分の怒りをその場に撒（ま）き散らしているのと同じです。そうならないために、以下の４つのルールを覚えておきましょう。

① タイムアウトをとる理由を相手に伝える。

　　例）「このまま話を続けていると、私が余計な一言を言ってしまいそうなので…」

　　　＊自分を主語にして伝えます。

② 戻る時間を伝える。

　　例）「外の空気を吸ってくるので、10分したら戻ります。」

③ 気分転換をする。

　　例）10秒呼吸法、セルフトーク、筋弛緩法、水を飲む、音楽を聴くなど。

④ お酒は飲まない。

　　＊アルコールを飲むと一次的にはリラックス状態になりますが、アルコールの成分が前頭葉の働きを弱めるので、多量の飲酒は感情のコントールを難しくさせます。

（4）思考停止法

　「あの人の一言で私は傷ついた！」「周りの人は、私のことを能力がないと思っているに違いない」と考えていると、怒りや不安などネガティブな感情が起こります。その考えを一旦ストップさせ、リラックスした状態を取り戻す方法です。

〈やり方〉

　自分の中に起こるネガティブな考えに集中し、力強く自分に「ストップ！」と言い聞かせます。「ストップ」と命令する自分自身の声が、時計のアラームや輪ゴムをパチンとはじく音などと同じように機能します。また、時間制限をし、「あと５分したらストップ！　別のことをやろう」と言い聞かせることで、別の行動に切り替えやすくなります。

（5）筋弛緩法

　リラクセーション法の１つである筋弛緩法は、身体的弛緩を引き起こすことにより、心理的弛緩をもたらし、心身の弛緩が緊張や不安の軽減やストレスの緩和につながり、とりわけ「怒り」と「緊張」に効果が見られます（徳田，2007）。身体のいろいろな部位でできますが、ここでは肩のリラックス法を紹介します。

〈やり方〉

① 両方の肩を、耳に近づけるつもりで、まっすぐ上に上げます。

② 上げたら、そのまま５数えます。

③ その後、ストンと肩を下ろして力を抜きます。

④ これを３回くらい繰り返します。

（6）冷たい水で顔を洗う、冷たい水を飲む

　イライラしているときは血流も速くなるので身体もほてってきます。冷たい水で顔を洗うことでクールダウンしたり、冷たい水が食道を通るときに、ドキドキしている心臓を落ち着かせてくれたりします。

（7）温かいタオルで首や顔を温める

　ネガティブな感情が湧いているときは、顔の表情筋も緊張し、それにともない首や肩などが凝ってきます。そのようなときは、温かいタオルで顔全体を覆い、緊張している表情筋をゆるめたり、首回りを温めたりします。

（8）一点集中法

　イライラすることや辛いことなどを考え続けていると、そのことにとらわれてしまい、行動もストップしてしまいます。頭の中で、辛いことを繰り返し考えるのではなく、別のことへ意識を向けることで、一時的かもしれませんが、心に余裕ができるようになります。

〈やり方〉

　身の周りにある物を丁寧に集中して見ます。「このボールペンは、いつ買っただろうか。素材は何だろう。重さはどれくらいか…」などのように、自分に自問自答してみてください。あるいは、音に集中してみるのもよいでしょう。鳥の声、風の音、葉っぱがざわざわする音など、いろいろな音に集中してみます。とてもシンプルな方法です。

（9）考えるだけでわくわくすることを想像する ☁️

　辻（2016）は、「イメージこそ、『とらわれ』から解放をもたらすライフスキルの１つである」と述べています。ネガティブな出来事が起こると、ネガティブな考えが湧き、そのことにとらわれていると感情の流れがストップし、エネルギーを消耗します。考えるだけでわくわくすることを想像してみましょう。

（10）１日を振り返り「感謝すること」を書いてみる ☁️

　１日を振り返り、寝る前に「感謝すること」を３つ書いてみましょう。嫌なことがあった日であっても、「ありがとう」と感じた出来事、人などを可視化することで、「１日悪いことばかりではなかったな」と思えて、前向きな気持ちになれます。

〈やり方〉

　ワークシート、あるいは「My感謝ノート」を作り、そこに書きます。例えば、「鳥のさえずりに感謝」「子どもの元気な声に感謝。元気もらえたよ」などのように書きます。自分に対しても、周りに出来事や人に対しても温かい気持ちを持てるようになります。

（11）自分の「怒りの温度計」を作ろう

怒りの感情は、弱いレベルの怒りから強いレベルの怒りまで段階があります。自分の怒りを数値化することで、自分の怒りを客観視できるようになります。

温度に合わせて怒りの感情を表す言葉と出来事を書いてみましょう。怒りの感情を表す言葉は下の例の中から選ぶこともできます。

6-2

例

100度
言葉：激怒、キレる
出来事：信頼していた人に裏切られた

40度〜
言葉：頭にくる、不愉快
出来事：人前で失敗を指摘された

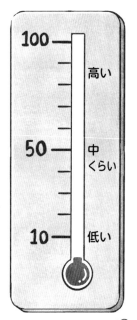

【怒りの温度計】

100度　怒りの言葉： 出来事：

70度〜　怒りの言葉： 出来事：

40度〜　怒りの言葉： 出来事：

10度〜　怒りの言葉： 出来事：

0度（怒りの感情が湧いていないとき）

例）言葉：穏やかな気持ち

　　出来事：友達とおしゃべりをしているとき

怒りに関する言葉の例

イライラする　腹が立つ　ムカつく　しゃくにさわる　憤慨する　怒り爆発　反感
堪忍袋の緒が切れる　はらわたが煮えくり返る　カチンとくる　頭に血が上る　キレる
怒り心頭　怒髪天を衝く　頭にくる　不愉快　不満　激怒　敵意　不服　慎る
反発する　不本意　怒号　逆上する

ワーク6-2についてグループでシェアしましょう。

3 ストレス社会を生き抜くために：セロトニン神経の活性化

　私たちは、ストレスがたまり心身が疲れても休めば回復します。これは正常な状態に戻ろうとする身体の働きによるもので「ホメオスタシス（生体恒常性）」と言います。ところがストレス状態が続くと、すぐに回復することが難しくなり、自律神経のバランスが崩れ、体調が悪くなったり、物事を悲観的に捉えたりするようになります。感情面でもイライラや不安が強まり、生活に支障をきたしてしまうこともあります。

　同じようなストレスでも、気分が落ち込んで症状がひどくなってしまう人もいれば、短期間で回復する人もいます。その違いは一体何でしょうか。その理由を脳内の神経伝達物質セロトニンの働きで捉えた研究があります。

　セロトニンは「うつ病」との関連がわかっていて、セロトニンが不足することでさまざまな症状が出現すると言われています。有田・中川（2009）によると、セロトニンを放出するセロトニン神経は、オーケストラの指揮者のように脳全体をコントロールしてバランスを整える働きを担い、意識や元気のレベルを調整する働きをしています。つまり、リラックスしているけれど集中力もあるという落ち着いた脳の状態を作り出します。ストレス社会を生き抜くためには、セロトニンを不足させないようにすることが重要です。

●セロトニン神経を活性化させる方法

　日常の生活習慣でセロトニン神経を活性化させることができます（有田・中川，2009）。心も身体も健康に過ごすために、日常生活の中に取り入れてやってみましょう。

（1）太陽の光を浴びる

　太陽の光を浴びるのは、朝が最適と言われています。朝は太陽の照度が弱いからです。また、朝は眠っている状態から覚醒状態に移行する時間帯（交感神経を適度に興奮させる）で、朝の時間帯にセロトニン神経が活性化すれば、心身がすっきり目覚めることができ、1日の始まりに良い効果をもたらしてくれます。

（2）リズム運動

　セロトニン神経を活性化させるためには、一定のリズムで筋肉の緊張と弛緩を繰り返すリズム運動が良いと言われています。例えば、ウォーキング、スクワット、自転車こぎ、ダンス、食べ物を噛む、呼吸法などがあります。前述の10秒呼吸法は腹筋の収縮と弛緩をリズミカルに繰り返すリズム運動なので、習慣化しましょう。

（3）スキンシップ

　セロトニン神経を活性化させるためにはスキンシップや柔らかいものに触れることも有効です。小さい子どもが親に抱かれることで落ち着くように、手を握り合う、ハグしたりすることで安心感を抱き、心が穏やかになります。またこれらは、セロトニンだけではなく、「幸せホルモン」と言われるオキシトシンの分泌も促します（山口，2014）。

6

ストレスマネジメントⅡ

4 第6章のまとめ

　さまざまなストレスマネジメントのスキルやリラクセーション法の中で、時と場合によって、自分で使えるストレスマネジメントのスキルを増やし、それらを使ってみることが重要です。自分で実践してみることで、ストレスマネジメントの効果を実感することができます。効果を実感できたら、その実感したことを言葉にして周りの人に伝えてみましょう。特に学校現場ではストレスを抱え、イライラして衝動的な行動をしてしまう子供もいます。このようなスキルやリラクセーション法を子供たちに伝え、実践することで、子供も使えるようになります。さらに、大人も子供もストレス社会を生き抜くためにも、脳内の神経伝達物質セロトニンが不足しないように日常生活を見直すことも大事です。

教師として意識しておくこと❻

　大人も子供も、ストレスへの対処法を知っておくことが大事です。子供たちと一緒に自分に合ったストレスマネジメントの方法を探してみましょう。授業や学級活動に取り入れ実践することで、イライラした気持ちが少し弱まったり、解消されたりすることを実感してもらうことが重要です。「呼吸をゆっくりしたら気持ちが楽になった」などと言葉にすることで、自分の身体感覚や身体反応を自覚しやすくなります。子供たちと一緒に教師も日々の学校生活の中で、ストレスマネジメントの方法を実践してみましょう。

♥「教師として意識しておくこと❻」について考えたことや感じたことを自由に書いてみましょう。

✔ 授業が終わった後の「今の気持ちチェック」（8ページ）を記入しましょう。

第7章

認知変容 I
―認知行動療法―

アンガーマネジメントは、認知行動療法が基盤になっています。認知行動療法とは何か、また認知行動療法から読み解く怒りの感情が起こる仕組みについて考えます。私たちはイライラすると、その感情は自然に起こると考えがちです。しかし、怒りだけではなく、さまざまな感情の喚起には、その人の物事に対する考え方や捉え方が影響を与えています。

本章では、事例を通して認知行動療法を理解し、怒りの感情が起こるときの認知（考え方）について学びます。

📖 **本章で学ぶこと**

・認知行動療法の基本的な理論を理解する。

・怒りの感情が起こる仕組みを学ぶ。

・考え方や捉え方が怒りの感情の喚起に影響することを学ぶ。

💡 **本章のキーワード**

認知行動療法、5 つの領域［環境、認知（考え方や捉え方）、感情、身体、行動］、怒りが起こる仕組み、頭に浮かぶ言葉、考えと感情を分ける

✔️ 授業の前に「今の気持ちチェック」（8 ページ）を記入しましょう。

1 アンガーマネジメントと認知行動療法

　アンガーマネジメントは、認知行動療法が基盤となっています。認知行動療法は、心理療法の中の1つのアプローチです。認知行動療法とは、どのような心理療法なのでしょうか。

　他者を理解するのが難しい、あるいは対人関係でよくトラブルが起こるのは、考え方や捉え方、価値観や感じ方が人それぞれ違うからです。同じ出来事が起こったとしても、考え方や捉え方が違っていたら、当然問題の現れ方も異なります。さらに対応する側が、相手の問題をどのように受け取るかも影響します。例えば、相手の問題を複雑だと思ってしまうと、どのように理解して対応したらよいか戸惑い、迷路に入ってしまい、出口が見つけられない状態になってしまいます。

　認知行動療法では、複雑な問題をできるだけシンプルに見ようとします。その手がかりとなるのが、問題を、環境、認知、感情、身体、行動の5つの領域に分けて理解する方法です。その中の「認知」と「行動」に焦点を当てて問題解決を目指していきます（竹田，2017）。

　なお、認知行動療法は、精神科などで患者に使う心理療法のアプローチであるため心理職ではない人には難しくて使えない、と思われるかもしれません。しかし実際は、精神科の治療だけではなく、教育、ビジネス、スポーツなど、あらゆる領域で活用できる方法です。

●問題が続いている悪循環に焦点を当てる

　認知行動療法では、問題の原因を相手のせいにしたり過去のせいにしたりしません。例えば、子供が起こす問題を、親の関わり方が悪いから、家庭環境が複雑だから、発達障害だから仕方ない、などとレッテルを貼った見方をする場合があります。レッテル貼りをしても、目の前の問題は解決しません。解決の手がかりを他のことにすり替えてしまうことで、逆に解決しにくくなってしまいます。

　人は誰しも、その人、その家族にしかわからない事情を抱えています。過去には戻れませんし、家庭環境も簡単には変えられないため、問題となって現われているのです。レッテルを貼った時点で、私たちは自分の責任を放棄しているように思います。

　認知行動療法では、問題が続いている悪循環に焦点を当てていきます。その悪循環を断ち切ることで、問題解決をしていくのです。現在の人間関係や出来事への反応は、その人が語る過去のエピソードが影響を与えている場合もあるため、その人の行動の背景にある生活史や環境を理解していきます。そのような情報を得るために、過去のエピソードを聴いて、現在の悪循環に焦点を当てて、問題解決をしていきます。また、認知行動療法は、相手の問題を理解し、対応できるようになるだけではなく、自分自身の問題を理解する上でも役に立ちます。

2 認知行動療法は問題を 5 つの領域から理解する

　下の図は認知行動療法で使う「相互作用モデル」というものです。環境（問題が起こっている状況や相手との関わり）と、それによって反応が起こる認知（考え方・捉え方）、感情、身体、行動の 5 つの領域が、相互に作用している様子を矢印で示しています。

　相手（あるいは自分）の置かれた環境において、どのような問題が起こっているかという視点と、その環境下に置かれた相手（あるいは自分）は、どのような体験（認知・感情・身体・行動）をしているかという視点から、問題を理解していきます。

　この 5 つの領域のうち、自分でコントロールしやすいのはどこだと思いますか。感情をすぐ変えなさいと言われても難しいでしょう。身体反応を変えなさいと言われ、「ドキドキ止めろ」と自分に言い聞かせても生理的反応ですから止められません。それではどこを変えたらよいでしょうか。実は、認知と行動に働きかけることで、問題解決の糸口が見つかるのです。このようにして問題解決を目指すのが認知行動療法です。

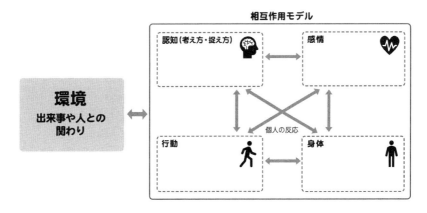

相互作用モデル

　例として、以下の出来事が起こったときの反応を見てみましょう。

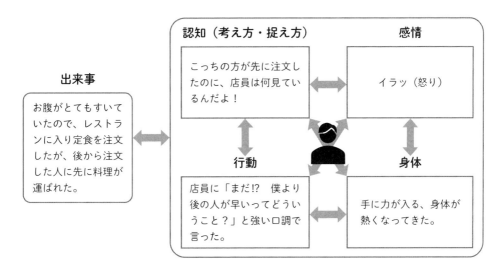

出来事①が起きたとき、自分の中でどのような反応が起きるかを想像して書いてみましょう。

7-1

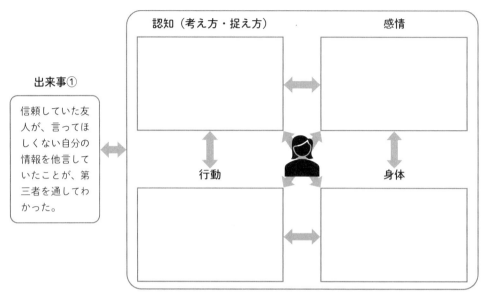

認知（考え方・捉え方）　　　　感情

出来事①

信頼していた友
人が、言ってほ
しくない自分の
情報を他言して
いたことが、第
三者を通してわ
かった。

行動　　　　身体

同じ出来事に対して、自分の反応と他の人の反応は同じでしょうか、あるいは違うでしょうか。グループでシェアし、気づいたことを書いてみましょう。

3 考え方はその人の感情・身体・行動に影響を与える

　私たちは何か出来事が起こったときに、自分の中で、まず感情が先に起こると思いがちですが、感情が起こる前に、私たちの頭の中には言葉が浮かんでいます（認知：考え方、捉え方）。

　同じ出来事でも、その出来事をどのように考えるかどう捉えるか（認知）は人それぞれ違います。考え方や捉え方によって、その人の感情や行動が変わってきます。例えば、「後から注文した人に先に料理が出された」という場合でも、「混んでいるので店員も混

乱しているのかな」と考えたら、怒りのレベルも低く、静かに待つことができるかもしれません。しかし、「こっちが先に注文したのだから、先に出すべきだ！」と考えると、怒りのレベルは高くなり、身体が熱くなって、店員に文句を言うかもしれません。

　このように、その人の出来事への考え方や捉え方が感情や身体、行動に影響を与えます。

　次は子供のケースを考えてみましょう。

出来事②が起きたとき、子供の中でどのような反応が起きているかを想像して書いてみましょう。

7-2

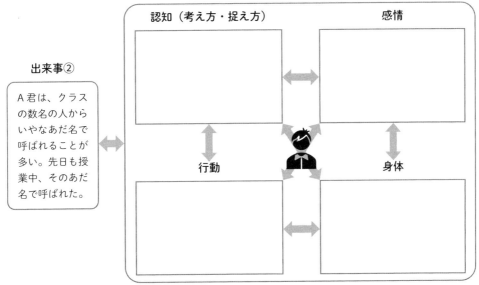

出来事②

A君は、クラスの数名の人からいやなあだ名で呼ばれることが多い。先日も授業中、そのあだ名で呼ばれた。

認知（考え方・捉え方）　　　感情

行動　　　身体

自分が書いた子供の反応と他の人が書いた子供の反応は同じでしょうか、違うでしょうか。グループでシェアし、気づいたことを書いてみましょう。

実際に怒りの感情が起こった出来事を思い出して、自分の中でどのような反応が起こったかを書いてみましょう。

7-3

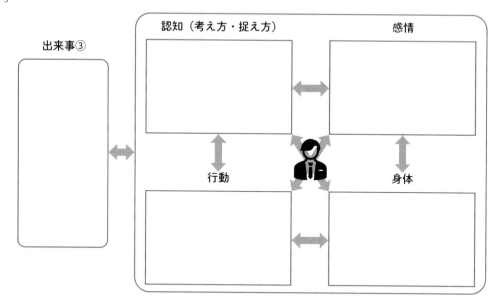

出来事③

認知（考え方・捉え方）　　　　　　　　感情

行動　　　　　　　　身体

 自分の書いた内容をグループでシェアしましょう。

4 問題に隠れているその人の考え方にアプローチする

　今まで、さまざまなケースを通して、自分の中に起こる反応や子供の反応について見てきました。その人の物事に対する考え方や捉え方（認知）が影響して、ネガティブな感情が強くなり、問題が複雑になったり、問題行動が繰り返されたりすることも少なくありません。

　例えば教師であれば、「上手く授業が進められない自分は教師として失格だ」と考え（認知）、そんな自分に対してイライラしてきて、授業をするのが辛くなり（感情）、授業をするたびに心臓がバクバクし（身体）、子供たちと雑談をしなくなった（行動）、といったケース。また、子供の場合、「クラスの人たちは、誰も話しかけてくれない。どうせ私のことを嫌っているんだ」と考え（認知）、イライラしたり、不安になったりして（感情）、お腹が痛くなり（身体）、学校を休むようになった（行動）、といったケースです。

　このようなときに、先輩の先生から「最初から誰も上手くいかないわよ」、あるいは、「クラスのみんなはあなたのことを嫌ってないですよ」と安心させようと思って伝えても、その人の考えや感情がすぐに変わることは難しいのです。アンガーマネジメントでは、怒りの感情を引き起こす「考え方」を探っていくことが重要です。

5 考えと感情を分ける

　本章で学んだように、何か出来事が起こると、私たちの頭の中には言葉が浮かび（認知：考え）、それによって感情が湧いてきます。認知（考え）と感情（気持ち）は別なのですが、その人の考えの最後に「〜な気持ち」と付け加えることで、その人の気持ちを表していると多くの人が考えてしまいます。

　例えば、子供が他の子供とケンカをしました。その子供に「今、どんな気持ち？」と聞くと、「相手を殴ってやりたい気持ち」と答えました。気持ちという言葉が付いているので、その子供の感情、つまり気持ちと受け取ってしまいそうですが、「相手を殴ってやりたい」というのは認知（考え）です。それによって、殴ってやりたいくらい「悔しい」、あるいは「頭にくる」という言葉が感情です。

　もう１つの例をあげましょう。友達から傷つく言葉を言われ、教室に行こうとしない子供がいます。その子供に話を聴いてみると、こんなことを言いました。「○○さんから、傷つく言葉を言われ、学校を休みたい気持ちになった」と言いました。「学校を休みたい」に気持ちを付けていますが、これも、学校を休みたい気持ち＝感情ではありません。「学校を休みたい」はその子供の考えです。学校を休みたいくらい、辛い気持ち（感情）が湧いているのです。

　このように「考え」と「感情」を分けることは簡単ではないため、日頃から私たち大人も、考えと感情を分けることを意識しましょう。そうすることで、自分、あるいは相手が何を考え、どのような感情が湧いているかがわかるようになります。

6 自分の感情は自分で引き起こしている

　感情は自然に湧いてくるのではなく、その人自身の「考え方や捉え方」というフィルターを通して起こります。

　よく「あの人は私をイライラさせる！」「こんなことが起こらなければ、私は穏やかに過ごせたのに」という言葉を聞くことがあります。これは、自分がイライラするのは相手のせい、私が穏やかに過ごせないのはこんなことが起こったから、など、全て自分以外のせいにしています。しかし、出来事や相手はただのきっかけにすぎません。どのような感情が生じるかは、自分の「考え方や捉え方」次第なのです。

　次の章では、怒りの感情を引き起こす、その人の考え方や捉え方について探っていきます。

7

認知変容Ⅰ

61

　　アンガーマネジメントは、第1章で述べたように認知行動療法が基盤になっています。そのため、認知行動療法についての基本的な知識を持つことは大事です。認知行動療法では、5つの領域から問題を理解すること、考えと感情を区別すること、感情を引き起こす考え方があることを知ることがポイントです。怒りの感情も日々の人間関係の中で起こります。怒りの感情が起こるのは何が影響しているのか、問題行動に対処するにはどこにアプローチしたらよいのかが、認知行動療法の基本を学ぶことで理解できるようになります。

 教師として意識しておくこと❼

　　自分の中に怒りの感情が起こったとき、認知行動療法の基本を知っていることで、客観的に自分の考え方、感情、身体反応や行動に気づくことができます。認知行動療法を学ぶことで、どのような自分の考え方がネガティブな感情を引き起こすのか、それが身体や行動にどのような影響を与えるのかを理解することができます。自分の考え方を探り、それを変えたり、緩めたりすることで、感情や身体、行動に変化が起きます。教師には教科指導の技術が必要ですが、その技術をスムーズに行えるための方法を認知行動療法から学ぶことができます。自己理解を深め、さらに、子供を理解するためにも認知行動療法の基本を理解しておきましょう。

♥「教師として意識しておくこと❼」について考えたことや感じたことを自由に書いてみましょう。

✔ 授業が終わった後の「今の気持ちチェック」（8ページ）を記入しましょう。

第8章

認知変容Ⅱ
―アンガーログで考え・感情・行動を整理する―

　イライラなどの怒りの感情には、その人の物事に対する考え方や捉え方が影響します。この考え方や捉え方にその人の認知傾向が現われます。

　本章では、認知傾向を「考え方のくせ」と呼び、考え方のくせの種類を紹介します。また、自分の考え方のくせを探るために、アンガーログを書いて、自分の考え、感情、その時の行動や結果を整理します。アンガーログを書くことを通して、客観的に、自分の怒りの感情を引き起こす考え方のくせを知りましょう。

📖 **本章で学ぶこと**

　・考え方のくせ（認知傾向）の種類を知る。

　・出来事に対する自分の考え、感情、行動を整理する。

　・アンガーログを書いて、自分の考え方のくせを探る。

💡 **本章のキーワード**

　認知傾向、アンガーログ、自分の考え・感情・行動の整理、

　考え方のくせとその種類、自分の考え方のくせ

✔ 授業の前に「今の気持ちチェック」（8ページ）を記入しましょう。

1 怒りの感情を引き起こす考え方のくせを知る

　第7章では、人の感情、身体、行動に影響を与えるのは、その人の物事に対する考え方や捉え方であることを学びました。本章では、怒りの感情をはじめ、ネガティブな感情を引き起こす考え方について見ていきましょう。

　人の行動には、その人のくせ（傾向）が表れることがあります。例えば、イライラしてくると無意識に貧乏ゆすりをするなどは行動のくせと言えます。実は、考え方にも長年自分の中で慣れ親しんだ考え方のくせがあります。例えば、出来事が起こったときに、瞬間的に頭にネガティブな言葉が浮かぶのは、そういう「考え方のくせ」があるからです。考え方のくせによって、知らず知らずのうちに極端な考えが浮かんでしまいます。自分の考え方のくせを知ることで、その考え方に振り回されなくなります。考え方のくせは、自動的に頭に浮かぶ言葉なので、「自動思考」とも言います。

　自分の考え方のくせを探るための第一歩は、アンガーログを書くことです。アンガーログとは、「自分の怒りを記録する」ことです。つまり、イライラしたときの自分の考え、感情、行動を整理する方法です。怒りの感情が起こったとき、そのきっかけになった出来事を頭の中で繰り返し考えていると、その怒りのレベルが上がったり、長引いたりすることがあります。そうならないために、怒りが起こった出来事、そのとき頭に浮かんだ言葉（考え）、感情、行動を文字にすることで可視化していきます。さらに、「書く」という作業を通して、客観的に自分の怒りについて振り返ります。

●アンガーログを書くメリット

　アンガーログを書くことで、以下のメリットがあります。

① 書くことで、自分の考え、感情、行動を整理することができる。

② 書くことで、何に対して怒りの感情が起こったのかが客観的にわかる。

③ どのような場面で怒りの感情が起こる傾向があるのかがわかるようになる。

④ 自分の考え方のくせがわかるようになる。

⑤ アンガーログを書くことを通して、自分の体験や経験を分析できるようになる。

●アンガーログを書くときのヒント

　イライラしているときにアンガーログを書こうと思っても書けないときがあります。そのようなときはすぐに書かなくてもかまいません。心も身体も落ち着いてからアンガーログを書いてください。場合によっては、何時間、あるいは数日経ってから書くときもあるでしょう。それでもかまいません。過去のことでも自分の考え、そのときの感情、行動を振り返る機会になります。また、アンガーログ専用の小さいノートやスマートフォンのメモを活用すると、「書いておこう」と思ったときにすぐ書けるので、とても便利です。自分で記入しやすい方法を選んで実践してみてください。アンガーログを書くことは、アンガーマネジメントにおいて大事な取り組みです。

2 アンガーログを書いてみる

　実際に自分のアンガーログを書く前に、アンガーログの記入例を見てみましょう。このワークシートでは、①〜⑥まで記入します（⑦以降は9章で実施します）。

出来事：貸した本を昨日返す約束をしていたのに、友人が返してくれない。

アンガーログシート 〈記入例〉

項目	内容
①日時・場所	○月○日、午後1時、大学の食堂
②出来事	昨日、貸していた本を返すと約束していたのに返してもらえず、食堂で会ったのでそのことを伝えたら、「ごめ〜ん、忘れてた〜」と言われた。
③頭に浮かんだ言葉(考え)	返すと言いながら、約束の日くらい覚えておいてよ。あの軽い言い方も何なの？　軽く見られている！
④その時の感情（気持ち）	ムカつく！　　　　　　　　　70／100度
⑤その時の行動	相手に合わせて、自分も軽い感じで「あ〜そうなんだ。いいよ、いいよ。…でも、なるべく早く返してくれる〜」とあたりさわりないように伝えた。
⑥その時の結果	伝え終わっても、何だかもやもやした気分になり、そのことばかり考えて、授業に集中できなかった。

考え方のくせを変える　　　落ち着くためのストレスマネジメント（例：10秒呼吸法）

項目	内容
⑦自分の考え方のくせ	
⑧考え方を変える（緩める）	
⑨感情の変化	／100度
⑩予想できる自分の行動と結果	

8

認知変容Ⅱ

65

アンガーログシートに最近の、あるいは心の中に残っている、怒りの感情が起こった出来事、考え、感情、行動やその結果を書いてみましょう。65ページの記入例を参考に、①から⑥の欄に書いてみましょう。

アンガーログシート

項目	内容
①日時・場所	
②出来事	
③頭に浮かんだ言葉(考え)	
④その時の感情（気持ち）	／100度
⑤その時の行動	
⑥その時の結果	

考え方のくせを変える　　落ち着くためのストレスマネジメント（例：10秒呼吸法）

項目	内容
⑦自分の考え方のくせ	
⑧考え方を変える（緩める）	
⑨感情の変化	／100度
⑩予想できる自分の 　行動と結果	

 ワーク8-1についてグループでシェアしましょう。

3 自分の考え方のくせを探る

　これまでアンガーログを書いて、怒りの感情が起こったときの自分の考え、感情、行動を整理しました。このアンガーログシートの「③頭に浮かんだ言葉（考え）」の所に、自分の「考え方のくせ」、つまり認知傾向が現われます。誰でも何らかの考え方のくせがあります。

　どのような考え方のくせがあるかを下記に示します。自分が書いた③が、以下のどの考え方のくせに当たるかを考えながら読んでください。

A．白黒思考

　良いか悪いか、白か黒か、ゼロか 100 か、のように、物事を自分の価値観に従って二極化して判断します。自分の行動や相手の行動、または物事が自分にとって少しでも満足がいかないと、全否定してしまいます。

例）・教師の言うことに従う子供は良い子、従わない子供は悪い子。

　　・少しでも自分の苦手なことがあると、「この仕事は向いていない」と考える。

B．完璧主義

　高い理想を掲げ、経過や結果が思い通りに行かないと不安や罪悪感を抱いたり、気分が落ち込み自分を責めたりします。また、自分だけではなく、他者にも厳しくなり完璧を求め、それができないと他者を批判したり、責めたりします。

例）・これだけ指導をしたのに試合で優勝できないのは、自分の指導力が足りない。

　　・自分の考えたやり方とは別のやり方に変更され納得がいかず、やる気が失せた。

C．すべき思考

　自分の考えは絶対だと決めつけて、自分に対しても相手に対しても、その考えを押し付けてしまいます。「〜すべき」「〜しなければならない」という考え方に縛られて、自分や相手の失敗などを認められなかったり、許せなかったりします。

例）・教師はどんなときも笑顔で子供にも保護者にも接しなければならない。

　　・人に教育する立場の人間なのだから、弱音は吐くべきではない。

D．過度な一般化

　わずかな事実をもとに、「いつもこうなる」「必ず〜」などと、全てのことに当てはめてしまいます。このような考え方で物事を捉えると、いつも自分に不快なことが起こっているように感じるため、落ち込んだりイライラしたりすることが多くなります。

例）・（一度や二度の失敗に対して）公開授業をやったけれど、いつも上手くいかない。

　　・（数人からの指摘に対して）職場のみんなが同じように思っている。

8

認知変容Ⅱ

E．過大／過小評価

　事実をありのままに捉えることができず、ことさら大げさに捉えたり（過大）、反対に必要以上に些細なこと（過小）と受け止めるためにトラブルにつながり、その結果、不安になったりイライラしたりします。

例）・こんなミスをするなんて、教師として失格だ。仕事を失うかもしれない（過大）。
　　・保護者が「うちの子は友達ができないと悩んでいる」と言ってきたが、「学校では友達と楽しそうに話しているから、そんなことはないだろう」と考える（過小）。

F．被害的思考

　根拠のない出来事を悲観的に捉え信じてしまいます。よくない結論を先読みしたり、相手の表情を見て、その人の考えを勝手に想像したり、深読みしたりします。

例）・何度伝えても書類の提出が遅いのは、わざと遅くして私を困らせたいのだろう。
　　・同僚が集まって、コソコソ話をしていたのは、私の悪口に違いない。

G．自責思考

　何事も自分のせいにしてしまい、良くないことが起こると自分が相手に何か悪いことをしたのではないか、不快になることをしたのではないかと考えてしまい、不安や罪悪感を抱いたりします。常に人からどう見られるかが気になります。

例）・この頃、同僚のA先生に話しかけてもそっけない返答。もしかしたら私が何か気に障ることを言ったからかもしれない。
　　・職場であまり声をかけてくれる人がいない。それは、私が話しづらい雰囲気を出しているからだろう。

H．他罰思考

　全ての結果を相手のせいにし、相手を責めることで自分を正当化したり、自分の責任を回避したりします。

例）・クラスのまとまりがないのは、子供たちが前向きに話し合わないからだ。
　　・B先生が期限までに企画案を出してくれたら、もっと検討する時間があり、この企画は通ったのに、B先生のせいでこの企画は却下された。

I．執着・固執

　過去に起こった出来事、人や物に対してとらわれている考え方です。同じような出来事が起こると、過去に起こった出来事と結び付け、ネガティブな考えが頭に浮かび、それから離れられなくなり、不安、恐怖、怒りなどのネガティブな感情が起こります。

例）・この仕事を続けていなかったら、こんな嫌な気持ちにもならないし、もっと楽に生きられたのに。
　　・ここへ引っ越して来なければ、こんなことは起こらなかったのに。

ワーク8-1で自分で記入したアンガーログの③に、考え方のくせA〜Iのどれが当てはまりますか? 1つだけではなく、いくつかの考え方のくせがあるかもしれません。自分の考え方のくせを書いてみましょう。

●

●

●

 自分の考え方のくせが影響して人間関係がぎくしゃくしたり、物事が上手くいかなかったりした経験はありますか? これまでを振り返り、書いてみましょう。

ワーク8-2、8-3について、グループでシェアしましょう。

書くことは頭の中を整理し、自分を客観的に見る機会

頭の中にイライラする出来事やネガティブな感情をしまっておいても良いことはありません。人間の脳はネガティブなことに反応しやすいため、起こった出来事、考え、感情や行動を書いて可視化することで自分を客観的、俯瞰的に見ることができ、行動を変える手がかりを見つけることができます。この作業が自分のメタ認知能力（14ページ参照）を高めていくのです。

認知変容Ⅱ

4 第8章のまとめ

　怒りの感情が起こるのは、その人の考え方が影響しています。その考え方にはその人の認知傾向、つまり「考え方のくせ」があります。本章では、9つの考え方のくせを紹介しました。自分の「考え方のくせ」を発見する方法としてアンガーログを書くことが重要です。日頃からアンガーログを書く習慣をつけると、そこから自分の考え方のくせに気づけるようになります。アンガーマネジメントでは、自分の考え方のくせを知り、それを変えていきます。小さいレベルの怒りだったとしても、アンガーログを書いて、可視化してみましょう。

 教師として意識しておくこと❽

　毎日起こる小さいレベルの怒りでも、そのままにしておくと、それが積み重なり、レベルの高い怒りになることがあります。些細なことがきっかけで怒りが爆発しないように、自分の「考え方のくせ」を理解しておきましょう。自分の考え方のくせがわかると、子供の考え方のくせもわかるようになります。子供が攻撃的・衝動的な行動、あるいは何も話さないなどの行動をしたときに、「この子供の考え方のくせは白黒思考が強く、その影響でイライラしてこんな行動を取ったのかもしれない」と推測できます。その上で、子供に「〇〇をしたとき、どんなふうに考えていたの？」などの質問してみたり、どのように考え方を変えたらよいかを話し合ったりする機会にしていきましょう。子供と関わるときも、感情や行動の背景には、考え方のくせが影響しているという視点を持ちましょう。

♥「教師として意識しておくこと❽」について考えたことや感じたことを自由に書いてみましょう。

✔ 授業が終わった後の「今の気持ちチェック」（8ページ）を記入しましょう。

 アンガーログシートを3枚書いてみましょう（ダウンロードして上部①～⑥に記入）。内容は、最近怒りの感情が起こった出来事です。そのような出来事がない場合は、過去に起こった出来事でもかまいません。

第9章

認知変容Ⅲ
―考え方のくせを変える―

　怒りの感情を引き起こす考え方を変えていかなければ、怒りの感情が起こる頻度は減りません。怒りの感情が起こりにくくするヒントが、考え方のくせを変える、つまり認知変容です。人は慣れ親しんだ考え方をすぐに変えることは簡単ではありません。だからといって、自分の考え方に執着していると、人間関係を上手く築けなかったり、自分自身も生きづらくなったりします。

　本章では、考え方の幅を広げ、考え方のくせを変えることを学びます。

📖 **本章で学ぶこと**

・考え方のくせを変えるための手がかりを知る。

・アンガーログをシェアすることで、考え方の幅を広げる。

・考え方の幅を広げるためのコツを学ぶ。

💡 **本章のキーワード**

　認知変容、考え方のくせを変える、考え方の幅を広げる、視野を広げる、

　視点を変える、別の方法を考える、心の救急箱

✔ 授業の前に「今の気持ちチェック」（8ページ）を記入しましょう。

1 考え方を変えるために

　第8章では、怒りの感情を引き起こしやすい考え方のくせについて学びました。ここでは、その考え方をどのように変えていったらよいか、あるいはすぐに変えることが難しいとわかった場合でも、どのように考え方のくせを緩め、柔軟な考え方にするかを学び、実践を通して身に付けていきます。

●考え方の幅を広げる

　私たちは、これまでさまざまな価値観や考え方で日々を過ごしてきました。時には自分の考え方を押し通して、人間関係がギクシャクしたり、同じようなトラブルが繰り返されたりすることがあったかもしれません。アンガーログを書くことで、自分の考え方のくせがわかったら、それを自分にとって生きやすい考え方に変えていくことが大切です。そのためのヒントになるキーワードが「考え方の幅を広げる」です。

　考え方の幅を広げるためには、柔軟な考え方ができることが大事です。石頭、頑固などの言葉が示すように、頭が固いと柔軟な考え方はできません。次のワークをやってみましょう。

以下の3つの品物から1つ選び、3〜4人のグループになって、その物の本来の使い方（飲み物を入れる、物を包む、情報を得る）以外の使い方をブレインストーミング（アイディアを出し合う）でたくさん挙げてください。

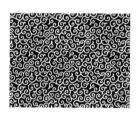

〈やり方〉

① 3人以上のグループを作ります。

② 各自、用紙にできるだけ多くのアイディアを書き出します（3分間）。

③ 3分過ぎたら、グループの中で自分の書いたアイディアをシェアします。同じアイディアの場合は1カウントとします。

④ 各グループで出たアイディアの数を発表します。

⑤ 一番多くアイディアが出たグループは全員の前で発表します。

⑥ ⑤の発表の中にないアイディアが他のグループであった場合、それも発表します。

●ワーク 9-1 を行う目的

　今回、身の回りにある物を使って、その物の使い方を考えてもらいました。例えば、ペットボトルひとつを取り上げても、さまざまな使い方があることに気づいたことでしょう。このように、1つの考え方にとらわれるのではなく、考え方の幅を広げ、さまざまな考え方ができるようになるためにこのワークを行いました。

　日常生活で起きるさまざまな出来事に置き換えても同じことが言えます。例えば、仕事でも自分に苦手なことがあると、「この仕事は私に合っていない」と白黒思考で考えてしまうとどうでしょうか。だんだん仕事をすることが辛くなってきます。その結果、体調も悪くなったり、仕事も休みがちになったりするかもしれません。しかし、考え方の幅を広げて考えると、「苦手だからこそ、チャレンジしてみよう。自分を成長させてくれる機会だ」と捉えると気持ちも落ち着き、行動も前向きになれます。

2　「心の救急箱」を開けて考え方の幅を広げる

　日常生活の中で起こる出来事や他者の考え方、感情や行動は変えられないので、心をらくにして生きていくためには、自分の考え方をいつもと違う考え方に変えることが必要です。そこで、下の図のような、「心の救急箱」を意識してみてください。

　私たちは身体だけではなく心も、さまざまな出来事や人間関係の中で傷ついたり、怒りの感情が湧いたりすることがあります。また、私たち自身が相手の心を傷つけてしまうときもあります。そのようなとき、まずストレスマネジメントのスキルで心身を落ち着かせ、次に視点を変えたり、視野を広げたり、別の方法を考えたりして、考え方の幅を広げていきましょう。

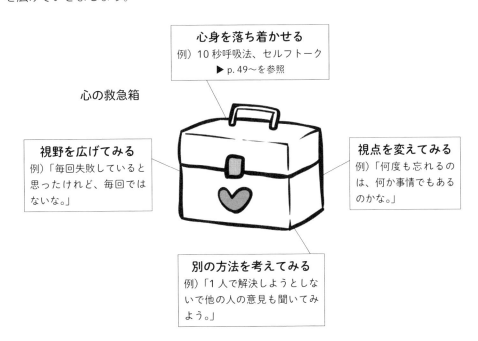

心の救急箱

心身を落ち着かせる
例）10 秒呼吸法、セルフトーク
▶ p. 49〜を参照

視野を広げてみる
例）「毎回失敗していると思ったけれど、毎回ではないな。」

視点を変えてみる
例）「何度も忘れるのは、何か事情でもあるのかな。」

別の方法を考えてみる
例）「1 人で解決しようとしないで他の人の意見も聞いてみよう。」

下記は 65 ページの例の下半分を埋めたものです。これと、67〜68 ページの「考え方のくせ」を参考にして、66 ページに戻り、自分で書いたアンガーログの③の考え方を変えたら、怒りの程度や行動とその結果がどうなるか予想して、⑦〜⑩に書いてみましょう。

アンガーログシート 〈記入例〉

項目	内容
①日時・場所	○月○日、午後 1 時、大学の食堂
②出来事	昨日、貸していた本を返すと約束していたのに返してもらえず、食堂で会ったのでそのことを伝えたら、「ごめ〜ん、忘れてた〜」と言われた。
③頭に浮かんだ言葉(考え)	返すと言いながら、約束の日くらい覚えておいてよ。あの軽い言い方も何なの？　軽く見られている！
④その時の感情（気持ち）	ムカつく　　　　　　　　　　　　　　70／100 度
⑤その時の行動	相手に合わせて、自分も軽い感じで「あ〜そうなんだ。いいよ、いいよ。…でも、なるべく早く返してくれる〜」とあたりさわりないように伝えた。
⑥その時の結果	伝え終わっても、何だかもやもやした気分になり、そのことばかり考えて、授業に集中できなかった。

考え方のくせを変える

落ち着くためのストレスマネジメント（例：10 秒呼吸法）

セルフトーク、10 秒呼吸法

項目	内容
⑦自分の考え方のくせ	すべき思考、被害的思考
⑧考え方を変える（緩める）	リマインドして必ず持ってきてほしいと伝える必要があった。
⑨感情の変化	イラッとするけど、怒りは弱まった。　　30／100 度
⑩予想できる自分の行動と結果	レポートを書くのに必要な本で、手元にないと困るので、必ず明日の 1 時限目に返してほしいと落ち着いて伝える。

ホームワーク（70 ページ）で書いた 3 枚のアンガーログの中から 1 枚を選び、考え方を変えて、⑦〜⑩の欄に書いてみましょう。

考え方を変えることで、どのように感情や行動が変化したかをグループでシェアしましょう。

以下の生徒のケースを読み、各質問について考え、書いてみましょう。

> 中学 1 年生の A さんは、「最近学校へ行ってもいいことないから休む」と休みがちになりました。登校したときに担任の先生が学校へ行きたくない理由を聞くと、A さんは、「クラスでは話す人がいない。誰も話しかけてもくれないから、私のことを嫌っている」と話してくれました。

✎ A さんにはどのような考え方のくせがあるでしょうか？

✎ 「クラスでは話す人がいない…（略）…私のことを嫌っている」と話してくれたときの A さんはどのような気持ち（感情）でしょうか？

✎ A さんになったつもりで、考え方の幅を広げると他にどのような考え方がありますか？

ワーク 9-4 について、グループでシェアをしましょう。

3 第9章のまとめ

　行動にもその人のくせが現れるように、考え方にもその人の傾向、つまり考え方のくせが現れます。前章では、考え方のくせの種類を見てきました。その考え方のくせを変えるためにどうしたらよいのかを本章で学びました。自分の慣れ親しんだ考え方に執着していると、人間関係がギクシャクしてしまったり、生きづらくなったりすることもあります。まず自分の考え方を振り返り、どのような考え方のくせがあるかを知ることが大事です。その上で、考え方の幅を広げて物事を見る、つまり柔軟に物事を捉えることがコツとなります。

 教師として意識しておくこと❾

　よく人は、「こんなことで、すぐ怒るなんておかしいよね」「あんなふうな行動をするなんて考えられない」という言葉で他者を批判することがあります。人それぞれ別の人間で、生まれ育った環境やそこでの体験や経験も違います。そのため、一人一人考え方や感じ方が違うのです。人それぞれ違うので対立が起こるのは自然なことです。「自分のほうが正しい」と考える時点から他者を受け入れない姿勢になります。対立やトラブルを解決するためには、どうしたらよいかを考え、行動することが大切です。その1つとして、相手を変えようとせず、まず自分の考え方を少しでも変えて相手と関わってください。これから出会う子供たちの考え方や行動を、考え方の幅を広げて理解していきましょう。

♥「教師として意識しておくこと❾」について考えたことや感じたことを自由に書いてみましょう。

✔ 授業が終わった後の「今の気持ちチェック」（8ページ）を記入しましょう。

76

第 10 章

傾聴 I
―傾聴の意味と基本的態度―

　他者とより良い関係を築くためには、お互いを理解することが必要です。傾聴とは、相手の意見に賛成であろうとなかろうと、自分の考えは横に置き、「良い」「悪い」の評価をせずに、相手の話に耳を傾け、興味関心を持って、積極的・能動的に聴いていくことを言います。また、相手に起こった出来事をあたかも自分に起こったことであるかのように、相手の立場に立って理解する聴き方です。しかも、自分と相手の距離を保ちながら、相手の態度に巻き込まれないことが重要です。

　本章では、相手を理解するために相手の話に耳を傾ける傾聴の基本について学びます。

📖 **本章で学ぶこと**
　・傾聴するとはどのようなことなのかについて学ぶ。
　・後味が悪い会話について学ぶ。
　・傾聴の基本的態度をロジャーズの 3 条件を通して学ぶ。

💡 **本章のキーワード**
　傾聴、怒りの感情と傾聴、後味が悪い会話、ロジャーズ、傾聴の基本的態度、
　自己一致、無条件の積極的関心、共感的理解、自己開示

✔️ 授業の前に「今の気持ちチェック」（8 ページ）を記入しましょう。

1 傾聴とは

　私たちは他者と関わりながら日々生活を送っています。他者とより良い人間関係を築くためにはお互いを理解することが重要です。相手を理解するためには一体何が必要でしょうか。どのようなコミュニケーションをすれば相手を理解することができるのでしょうか。ここでは、相手を理解するために相手の話に耳を傾ける「傾聴」について学んでいきます。

　傾聴とは、「耳」「目」「心」を傾け、真摯な姿勢で相手の話を聴くことで、相手の心の内面を捉え、相手の考えや気持ちを相手の立場になって理解する聴き方のことを言います。話を聴くために、目や心がいるのだろうかと不思議に思うかもしれません。

　人が話をしていると、意識しなくても話し声は聞こえてきます。しかし、傾聴はそれとは違い、意識して、積極的に、能動的に聴くことです。相手の話に興味関心を持ち、相手を理解したいという思いを持って聴くことです。相手の気持ちに寄り添い、相手の気持ちに共感し、理解していく聴き方です。傾聴は、耳から入ってくる情報（話の内容）だけでは難しく、目から入っている情報（話をしているときの表情やしぐさなど）と相手の感情（気持ち）を同時に聴いていくことなのです。

　傾聴は話している相手に焦点が当たります。相手の話を聴いていると、自分の考えとは違った意見が出てくることがあります。相手が自分に意見を求めているわけではないのに、相手の考えが自分の考えと違い、自分の考えが正しいと思ってしまうと、つい自分の考えを話したくなります。これは焦点が自分に向かっていることになります。このような状況では、相手の話を聴くことは難しくなります。自分の意見や考えはひとまず横に置き、相手の話に焦点を当て、聴いていくことが傾聴です。

●怒りの感情と傾聴

　怒りの感情は、人間関係の中で起こることが少なくありません。家庭、学校、職場など人が集まる場所ではさまざまな感情が揺れ動き、時にはぶつかってしまうこともあります。相手とのコミュニケーションで、イライラして話を途中で遮ったり、相手の意見を否定したり、非難したりすれば、相手も同じようにイライラします。売り言葉に買い言葉となり、怒りのぶつけ合いになってしまい、コミュニケーションは成り立ちません。そのような状況にならないためにも、傾聴が重要であり、役に立ちます。

次の会話1、2、3について2人1組で役割を決めて台本通りにロールプレイ（役割演技）をしてみましょう。終わったら役割を交代して再度ロールプレイをしてみましょう。

会話1 **母と子**：（状況）部活動で話し合いがあり、いつもより遅く帰宅しました。

母：今日、帰ってくるのが遅かったわね。何していたの？

子：別に。

母：別に、って何もしなかったら遅くなることはないでしょう！

子：部活でいろいろあって、話し合いとか。

母：またあなた、何かしたんじゃないの？

子：（にらみつけて）何も知らないくせに！　もういい！

会話2 **友人AとB**：（状況）Aは友人Cのことで悩んでいました。

A：Cのことだけど、昨日Cから無視されたんだよね。

B：へえー、そうなんだ。Cってサッカー上手いし、いいやつじゃん。Aの思い過ごしじゃないの。そんなこと、気にしないほうがいいよ。

A：……

会話3 **先生と生徒**：（状況）生徒Dは提出期限を過ぎても宿題を提出していません。

先生：D君、宿題まだ出てないだろ。

生徒：あっ、すみません。

先生：すみませんじゃないよ。提出期限過ぎているよ。提出期限は守るためにあるんだろ。

生徒：す、すみません…。

先生：明日は絶対出せよ！　わかったか？

生徒：は、はい。

 会話1では子の立場に、会話2ではBの立場に、会話3では生徒の立場に立って、これらの会話をしてみて、考えたり感じたりしたことを書いてみましょう。

10-1

 ワーク10-1についてグループでシェアしましょう。

●後味の悪い会話

　会話1、2、3のような後味が悪い会話を経験したことはありませんか。以下のような場合、話をしようという意欲が失せてしまい、お互いに気持ちがスッキリしません。

- 自分が話をしている最中に、意見を差し挟まれる。
- また話が終わってないのに、話が遮られる。
- 話していた話題がいつの間にか別の話題に代わっている。
- 話していても相手の反応がないため、聴いているのかどうかわからない。

 これから実際に後味の悪い会話を体験します。1分間やってみましょう。
テーマ：朝起きてから、大学に来るまでの出来事について
〈やり方〉

① 2人1組になります。1人は話をする人、もう1人は話を聴く人です。

② 1分間、話をする人は聴く人に対して一生懸命話をします。

③ 話を聴く人は、意識的に相手の話を聴かないようにします。

　（目を合わさない、何かしたり、スマホを見たりするなど話を聴いていない態度）

④ 役割を交代して同じようにします。

 この体験をしてみて、考えたこと、感じたことや気づいたことをグループでシェアしましょう。

 これまでのコミュニケーションにおいて、後味が悪い経験をしたことはありますか？
それはどのようなコミュニケーションだったでしょうか。思い出して書いてみましょう。
10-2

> [空欄]

 ワーク10-2についてグループでシェアしましょう。

2 傾聴の基本的態度

　来談者を信頼して話を傾聴することで、来談者自らが気づき、成長していくとする「クライエント中心療法」を創始し、「パーソンセンタード・アプローチ」を発展させたカール・ロジャーズは、話を聴く職業であるカウンセラーに必要な態度について提言しています。その中でも中核となる 3 条件は、あらゆる対人援助職に共通して必要な態度条件であると言われています。その 3 条件とは、①自己一致、②無条件の積極的関心、③共感的理解です。カウンセラーではなくとも傾聴の基本的態度と言えます。

（1）自己一致

　自己一致とは、カウンセラー（聴き手）はクライエント（話し手）の話に対する実感がわかっていること。例えば、相手の話に違和感を抱いたときに、それが良かったとしても悪かったとしても、違和感を持っている自分に気づいていること。

（2）無条件の積極的関心

　無条件の積極的関心とは、クライエントがどのような行動をとろうと、どのような価値観や好みを持とうと、「良い」「悪い」といった価値判断を横に置いて、評価せず、その人そのものへ積極的な関心を持つこと。

（3）共感的理解

　共感的理解とは、「クライエントが生きている世界、感じている現実、感情や考えなどをありのままに理解しようとする態度。理解していることを伝える態度」のこと（三國ほか，2015）。

　また、ロジャーズ（1957）は「相手の話を理解しながら聴くと、真のコミュニケーションが実現し、判断しようとする傾向を避けることができる」とも記しています。
　例えば、中学生が「リストカットをしている」と話してくれたとき、多くの大人は心配し、「それは危ないからやめなさい」と言いたくなってしまいます。しかし、それは話した中学生に「この大人も、自分のことをわかってくれない」と思わせることになり、せっかく話してくれたにも関わらず心を閉ざしてしまうことになりかねません。リストカットをしている中学生が心配であるという実感を持ちつつ（自己一致）、「やめなさい」と言わずに、リストカットという行動について「良い」「悪い」と価値判断はしません（無条件の積極的関心）。その上で、リストカットをしなければならなかった背景や理由に焦点を当て、その気持ちを理解し、丁寧にじっくり聴いていくのです（共感的理解）。
　傾聴の基本的態度は、相手の意見に賛成であろうとなかろうと、自分の意見や考えは横に置きます。ときには話の内容に同意できない場合もあるかもしれません。前出の例

10

傾聴Ⅰ

81

のようにリストカットそのものには同意できなくても、リストカットをするしか方法が見つからなかった辛い気持ちに共感することはできます。

　傾聴は、聴き手が自分に起こったことではない現実を、あたかも自分に起こったことであるかのように、体験し、理解しようと努力する態度だとも言えます。

3 傾聴のポイント

　相手が安心して話ができるように、次のことを意識して話を聴きます。

- 相手がその瞬間に感じているるままに聴き取り、それに応答していく。
- 相手に対して自分の気持ちや意見を押し付けない。
- 相手が何を感じているのか、相手の感情を相手の立場で受け止める。
- 相手の言葉を焦らずじっくり聴く。
- 自分の感情を伝える場面では、相手に対して自分を偽らない誠実な態度で向かい合う。
- 理解できたら、理解していることを伝える。
- 相手の言葉以外の表現（表情、声の抑揚、息づかい、視線や手足の動きなど）にも気を配る。
- 批判、忠告、説教はしない。
- 自分の視線、表情、姿勢などにも気を配り、相手が安心して話せる環境を作る。

●相手の感情（気持ち）に焦点を当てる

　情報収集のため、もしくは的確にアドバイスをするためにだけ話を聴こうとすると、話の長い人や、言いたいことが伝わってこない人に出会うと、聴くことがストレスになり、話を聴けなくなる場合があります。そして話を遮ったり、結論を急がせたりしてしまいます。情報や詳細な内容も必要ですが、それよりも大事なのは相手の感情（気持ち）を聴くことです。人は、感情を聴いてもらったり、寄り添ってもらったりすると安心して自分のことを伝えたくなります。もっと話をしたくなります。このように心を開いて自分自身のことを話すことを「自己開示」と言います。話し手が自己開示し話をすることで、聴き手に自然と情報が伝わり、聴きたい情報を得ることができるのです。

【3つのきく】
「きく」という言葉には次の3つの漢字があり、それぞれ次のような意味があります。
①「聴く（listen to）」相手を理解しようと、相手の話に耳を傾けてきくときに使います。
　例）「友達の話を聴く」「音楽を聴く」
②「聞く（hear）」自然に耳に入ってくる音をきくときに使います。
　例）「物音を聞く」「波の音を聞く」
③「訊く（ask）」わからないことをきくときに使います。
　例）「道を訊く」「都合を訊く」
　＊ただしこの字は常用漢字表にはない読み方であるため、一般的には「聞く」が使われる。

4 第10章のまとめ

　より良い人間関係の原点は、相手を理解することから始まります。相手を理解するためには、相手の話に耳を傾けることです。相手が何を言いたいのか、しっかり最後まで聴いて初めて相手を理解できます。また、傾聴するためには、相手が安心して話せる環境を作ることも必要です。自分と考え方や感じ方や意見が違っても、また、同意できる内容ではなかったとしても、相手の話を相手の立場に立って聴き共感していくことで、相手の自己開示が進み、相手の考えや感情が理解できます。傾聴では、情報収集だけに注意を向けるのではなく、相手の感情（気持ち）に意識を向けて聴いていくことが重要です。

教師として意識しておくこと❿

　子供たちは、大人が思ってもみない行動をしたり、言ったりすることがあります。そのようなとき、教師という職業柄、「間違った言動に対して指導しなければならない」と考え、子供の話を聴く前に、一方的に間違いを指摘したり、叱責したりすることがあります。このような対応では、子供は本心を言わなくなります。傾聴して初めて、「この子はこのような理由でこんな気持ちになり、この行動をしたのか」と子供の考え、感情や行動を理解することができます。子供の行動が不適切であれば、望ましい行動について一緒に考え、彼らができる行動を選んでもらいましょう。

♥「教師として意識しておくこと❿」について考えたことや感じたことを自由に書いてみましょう。

10

傾聴Ⅰ

東京都町田市立金井中学校　校長　仙北屋正樹
（せんぼく　や　ま　さ　き）

　アンガーマネジメントは、そのすべてが学校教育の中に必要なことばかりです。その中で、一番役立っているものを挙げるとすれば「傾聴」だと思います。

　教師の仕事で大変なこととして取り上げられるのが、保護者対応です。学校には、保護者からさまざまな質問や改善要望などを受けることが多々あります。教師は、その質問や要望などに対応していかなければなりません。その中には、無理な内容も含まれていることもあります。私も、さまざまな難題を突き付けられたことがありました。その時は、とにかく保護者の話を聴くことしかできませんでした。でも、何か言わなければいけないと、話の途中で自分の意見を言ったところ、怒って帰ってしまいました。自分としては間違ったことを言っていないのに、なぜ腹を立てたのか理解ができませんでした。その後も、何度か同じことがあり、どうしてだめなのかを考えてみました。

　共通していたのは、自分が我慢できず意見を言ってしまうと、保護者が不満げな表情になることでした。そこで、とにかく最後まで何も言わずに話を聴いてみることにしました。クレームなどの話は長いことが多いので苦痛ではありましたが、とにかく最後まで聴いてみると、保護者の方が「最後まで聴いていただきありがとうございました」と言ったのです。お礼を言われるとは思わなかったのでびっくりしました。その後学校としての対応を話したら、すんなり納得してくださいました。それからは、保護者の話をすべて聴いてから自分の考えを言うようにしてみると、大部分うまくいくようになったのです。

　そこでわかったことは、保護者の方は、学校に話を聴いてもらいたくて来るということです。すべて聴いてもらえれば、それが解決策となることも多いことがわかりました。のちにアンガーマネジメントに出会い、「傾聴」を知ったときに、間違っていなかったことがわかりました。人は、誰かに話を聴いてもらうことによって、怒りの気持ちがおさまってくることを、私はアンガーマネジメントで確認することができたのです。

　本校では、アンガーマネジメントを全校生徒に教えています。この学習をすることで、「傾聴」することの大切さはもちろん、すべての人の考え方は全員異なっていること、それが個性であることなどを教えています。その学習がいじめ防止などに大きな効果を発揮しています。教えるのは講師の方ではなく、アンガーマネジメントを学んで体験した担任の先生自らが教えます。そうすることで、生徒も身近な学習ととらえて意欲がわいてきます。また、教師も繰り返し教えることで、自分のものとして定着し、今後の教員人生に役立つツールとなるはずです。

　ぜひ、アンガーマネジメント教育が日本中の学校で実施され、いじめのない学校生活が実現できることを願っています。

第11章

傾聴Ⅱ
―傾聴のスキルと実践―

傾聴にはいくつかのスキルがあります。本章では、あいづち・うなずき、繰り返し、明確化、質問の4つのスキルを学び、それらを使って実際に傾聴を体験します。また傾聴することで生まれるさまざまな効果について理解し、傾聴が話し手・聴き手の両者にとって自己成長を促進させたり、話し手の気づきを深めたりする機会になることを学びます。さらに、傾聴を通してお互いが尊重し合い、傾聴がより良い人間関係を築く土台であることを学びます。

📖 **本章で学ぶこと**

・傾聴のスキルを学ぶ。

・傾聴を実際に体験する。

・傾聴の効果を学ぶ。

💡 **本章のキーワード**

傾聴のスキル、あいづち・うなずき、繰り返し、明確化、質問、人間尊重、
自己成長、カタルシス効果、バディ効果、アウェアネス効果、ラポール形成

✔ 授業の前に「今の気持ちチェック」(8ページ)を記入しましょう。

傾聴のスキル

傾聴にはいくつかのスキルがあります。4つのスキルのポイントについて見てみましょう。

（1）あいづち・うなずき

相手の話すことに対してそのままあいづちやうなずきで応答する。「うんうん」「なるほど」と声に出して言ったり、首を上下に振ったりして応答する。

➡聴き手が余分な言葉を挟まないので自由に話せます。

（2）繰り返し

相手が話した内容や使った言葉をそのまま繰り返す。話した内容の全てを繰り返すのではなく、最も重要だと思われた内容を繰り返す。聴き手が勝手に言葉を変えない。出来事の内容ばかり繰り返すのではなく、「感情」の言葉（形容詞）や副詞を繰り返すのがポイント。

➡聴き手にきちんと聴いてもらったと思えます。

（3）明確化

相手の感情や考えなど言いたいことがあっても明確に表現できないとき、聴き手がより適切な表現に言い換える技法。相手はうすうす気づいてはいるけれど、まだはっきり意識していないところを言語化する。「つまり～なのですね」など。

➡相手の自己理解が促進されます。

（4）質問

相手の話で気になったところやわかりにくかったところを質問する。その際、「開かれた質問」（「はい」「いいえ」だけでは答えられない質問）をして相手に話してもらうようにします。「今、～と言われましたが、その気持ちや考えていることについてもう少し詳しく話してくださいませんか。」

➡自分の気持ちや考えていることを改めて考えるきっかけになり、気持ちや考えが明確になります。

質問するときの「なぜ？」「どうして？」の使い分け

過去に起きた出来事について、「なぜ遅刻したんだ？」、「どうして無断で部活を休んだの？」というように、質問をしてしまう場合は多いのではないでしょうか。「なぜ」「どうして」と質問された人は、責められていると思ってしまいます。過去に起こったことについては、例えば、「遅刻するには何か理由があると思うので、聞かせてほしい」と相手が答えやすい質問の仕方をすることが大事です。

「なぜ」「どうして」は、相手の将来に向けての考えを質問するときに使います。例えば、「なぜ（どうして）、そうしたいと思ったの？」という場合です。

会話4～6について、前ページの4つの傾聴のスキルのどれに当てはまるのか、カッコ内に記入してみましょう。（解答は90ページ）

会話4 **母と子：**（状況）部活動で話し合いがあり、いつもより遅く帰宅しました。

母：今日、帰ってくるのが遅かったわね。何かあった？（a.　　　　）

子：別に。

母：何もなければいいけど、遅いからどうしたのかなって、心配していたよ。

子：部活でいろいろあって、話し合いとか。

母：そう、部活でいろいろあったんだ。話し合いとか。（b.　　　　）

子：うん、それで遅くなった。

母：話し合いはうまくいったの？（c.　　　　）

子：先輩とトラブって…

母：うんうん。（d.　　　　）　先輩とトラブったんだ。どんなことで？（e.　　　　）

会話5 **友人AとB：**（状況）　Aは友人Cのことで悩んでいました。

A：Cのことだけど、昨日Cから無視されたんだよね。

B：Cから無視されたんだ。（a.　　　　）何があったの？（b.　　　　）

A：放課後Cがいたから、部活一緒に行こうと声を掛けたんだよ。

B：うんうん。（c.　　　　）

A：そしたらさ、返事せずに行ってしまったんだよね。イヤな感じだったよ。

B：それはイヤな感じだよね。（d.　　　　）それでどうしたの？（e.　　　　）

A：帰りの会が終わってすぐに廊下に出たら、Cが前を歩いていたから「お～い」って声を掛けたんだ。

B：うんうん。（f.　　　　）部活ではどうだった？（g.　　　　）

A：部活では普通だった。

B：部活で普通だったら、何か考えていて、聞こえていなかったってことはないかな？
（h.　　　　）

A：そうかな～。

B：わからないから、聴いてみたらどうかな。

A：そうだね、そうしてみるよ。

会話6 **先生と生徒：**（状況）生徒Dは提出期限を過ぎても宿題を提出していません。

先生：D君、宿題まだ出してないだろ。

生徒：あっ、すみません。

先生：いつもは出しているのに、今回は出してないからどうしたのかって気になってね。
　　　何かあったか？ （a.　　　　　）

生徒：あ、先週からなんかきつくて…なんというか…。

先生：うんうん、（b.　　　　　）きついんだね。

生徒：は、はい。体調が悪くて、数日、眠れないんです。

先生：体調が悪くて、眠れないんだね。（c.　　　　　）それはきついね。心配だから放
　　　課後ゆっくり話さないか？

生徒：はい。

会話4〜6では、子供の立場、Aの立場、生徒の立場に立つと、どのように感じるでしょうか？　書いてみましょう。

11-2

ワーク11-2の内容について、グループでシェアしましょう。

3　傾聴の実践

　　相手を理解するための傾聴のスキルを知っていたとしても、実際に傾聴するのは簡単
ではありません。しかし、日頃から「聴く」ことを意識することで、上手に傾聴するこ
とができるようになります。ここでは傾聴を実際に体験してみましょう。

〈やり方〉

① 3人1組になります。

② それぞれの役割を全員が体験するため、順番を決めます。

> S＝Speaker ：話をする人（自分が無理なく話せる内容を話す）
> L＝Listener ：話を聴く人（傾聴の方法やポイントを取り入れてSの話を傾聴する）
> O＝Observer：観察者（会話に参加せず、2人の会話を少し離れた場所から観察する）

③ Sは3分間、自由に話をします。Lは傾聴のスキルやポイントを意識して話を聴き
ます。Oは2人の会話を観察します。

> 〈Sの話題：無理なく話ができる内容例〉
> 最近あった楽しかったこと／これまでの人生で一番嬉しかったこと／悔しかった
> こと／興味関心のあること／5年後あるいは10年後の自分など。

④ 時間が来たら、役割を交代して、全員が 3 つの役割を体験します。

⑤ 全員が役割を終えた後で、それぞれの役割で感じたことをグループでシェアします。

> 〈グループでシェアするときのポイント〉
>
> S：話しやすかったかどうか、話しやすかったとしたらそれはどうしてか。第
>   　10 章 80 ページで体験した後味の悪い会話との違いなどをシェアする。
>
> L：傾聴することができたか、難しかったところはどこか、さらに良くするため
>   　の改善点などを伝える。
>
> O：L の傾聴の良かった点、さらに良くするための改善点などを伝える。

4 傾聴によって生まれる 7 つの効果

傾聴は話し手にも聴き手にもさまざまな効果があります。

(1) 人間尊重

話し手は、話を聴いてもらえることで、理解してもらえ、尊重されていると感じます。自分が尊重されることで、相手を尊重することができます。

(2) 自己成長

聴き手は、相手の話を聴いていく中で、いろいろな意見、アイディアや情報が得られます。それにより自分の能力や知識の有無も検証できます。

(3) 相手の能力を引き出す

聴き手は、相手の話を聴くことで、相手のまだ発揮できていない能力を引き出すことができます。

(4) カタルシス効果

カタルシスとは「心の浄化」という意味です。話し手は、心の中にある不安、辛さ、怒りなどの感情を言葉にして相手に伝え、聴いてもらえることで気持ちがスッキリしたり、苦痛がやわらいだりして安心感を得ることができます。

(5) バディ効果

バディとは「仲間」という意味です。話し手は聴き手に共感してもらえることで、「自分は一人ではない」、「自分はこれでいいのだ」と思え、自己信頼感や自己肯定感を持つことができます。

(6) アウェアネス効果

アウェアネスとは「気づき」という意味です。話し手は、話を聴いてもらえることで、頭の中が整理され、気づきを得ることができ自己理解が促進されます。

(7) ラポール形成

ラポールとは「信頼関係」という意味です。傾聴によってさまざまな効果を経験することで、話し手と聞き手の双方にお互いの信頼感が生まれ、信頼関係が形成されます。

5 第11章のまとめ

　傾聴には、いくつかのスキルがあります。あいづち・うなずき、繰り返し、明確化、質問などのスキルを会話に適宜織り込むことで、会話がスムーズに進み、会話の流れや方向が変わります。また、傾聴にはさまざまな効果があります。より良い人間関係において最も重要な信頼関係は、傾聴なくしては成り立ちません。親子や友人、教師と子供、職場での上司と部下の関係においても、年齢や性別に関係なく、お互いを尊重し理解しようとする姿勢が重要です。その1つの方法が傾聴です。日々の人間関係に傾聴を取り入れてみましょう。

 教師として意識しておくこと⓫

　子供たちが教師に安心して、困ったことやわからないことを、相談したり話したりできるのは、教師を信頼しているからです。その信頼は、「先生は自分のことをわかってくれる、理解してくれる」という実感の積み重ねから生じます。子供たちを理解し、より良い関係を築くために子供たちの声にたくさん耳を傾けてください。傾聴は教師と子供との関係をつなぐ大切な架け橋となっていきます。そして教師が子供たち一人一人を「大事な存在」と意識して関わると、教師の思いは子供たちに伝わっていきます。学校現場では、「先生、聞いて、聞いて」というたくさんの子供たちが待っています。今から、傾聴力を付けていきましょう。

♥「教師として意識しておくこと⓫」について考えたことや感じたことを自由に書いてみましょう。

 授業が終わった後の「今の気持ちチェック」（8ページ）を記入しましょう。

 自分の身近な関係の中で、傾聴のさまざまなスキルを意識して実践してみましょう。

《p.87のワーク11-1の解答》
会話4（a. 質問、b. 繰り返し、c. 質問、d. あいづち、e. 質問）、会話5（a. 繰り返し、b. 質問、c. あいづち、d. 繰り返し、e. 質問、f. あいづち、g. 質問、h. 明確化）、会話6（a. 質問、b. あいづち、c. 繰り返し）

第12章

アサーティブコミュニケーションI
―「アサーティブ」の考え方―

　人間関係の中で対立が起きると、多かれ少なかれ怒りの感情が湧いてきます。その要因はコミュニケーションが上手く取れないからです。傾聴で信頼関係を築いた後は、相手と良好な人間関係を築くためのコミュニケーションを心がける必要があります。

　本章では、自分も相手も尊重するアサーティブコミュニケーションを学びます。アサーティブコミュニケーションが生まれた背景、コミュニケーションのタイプを知り、自分のコミュニケーションの傾向を振り返ります。さらに、コミュニケーションを取る上での心の姿勢についても学びます。

📖 **本章で学ぶこと**

・アサーティブコミュニケーションとは何かを理解する。

・アサーティブコミュニケーションが生まれた背景を知る。

・コミュニケーションのタイプと自分のミュニケーションの傾向を知る。

・アサーティブな「心の姿勢」について学ぶ。

💡 **本章のキーワード**

自他尊重、アサーティブコミュニケーションの歴史、自分のアサーティブ度、

コミュニケーションのタイプ、アサーティブな心の姿勢

✓ 授業の前に「今の気持ちチェック」（8ページ）を記入しましょう。

アサーティブコミュニケーションとは

　より良い人間関係の構築は、第 10、11 章で学んだ傾聴が土台になります。私たちは、人と関わる中で自分の気持ちや考えを相手に率直に伝えているでしょうか。言いたいことがあるのに我慢して、心の奥に自分の気持ちや考えをしまい込んだり、反対に攻撃的な言動に出してしまったりすることはないでしょうか。

　これからみなさんが学校現場に出て、多くの子供たち、保護者や職場の上司や同僚とコミュニケーションを取るようになったとき、相手と良好な人間関係を築くために有効なのが、「アサーティブコミュニケーション」です。

　アサーティブ（assertive）は通常、「断定的な」「断言する」「自己主張する」などと訳されます。「自己主張＝自分の言いたいことだけを言う」と捉える人も少なくないでしょう。しかし、アサーティブコミュニケーションの「アサーティブ」は、一方的に自分の意見だけを述べるのではなく、「相手の気持ちや考えを尊重し、その上で自分の気持ちや考えを誠実に、率直に、相手がわかるように伝える」という意味です。アサーティブコミュニケーションは、一方的なコミュニケーションではなく、双方向のコミュニケーションなのです。

●アサーティブコミュニケーションの歴史

　アサーティブコミュニケーションは、1950 年代のアメリカで生まれた行動療法と呼ばれる心理療法の中から発展してきました。当初は、自分の気持ちや考えを伝えるのが苦手な人を対象にしたコミュニケーションのトレーニングの中で実施されていました。

　その後、1960 年代から 70 年代にアメリカで起こった黒人差別に対する「人種差別撤廃運動」といった「人間性回復運動」が高まっていきました。この運動は、「誰でも自分の能力を発揮してよい」という考えが基になっています。アサーティブな考えと行動は、それまで権利や言動を圧迫され続けてきた人々に大きな勇気を与えました。1970 年代になると、女性差別に対抗した「男女差別撤廃運動」や「女性解放運動」に引き継がれていき、差別を受けてきた人々や自分らしく生きていくことが難しかった人々にとって、アサーティブコミュニケーションが必要とされるようになり、広がっていきました。

●アンガーマネジメントとアサーティブコミュニケーション

　日常生活の中で怒りの感情が起こることは誰にでもあり、自然なことです。なぜなら、怒りの感情が起こる背景には必ず理由があるからです。しかし、怒りに任せて感情的になり、暴言・暴力、体罰などのように、怒りの感情を不適切な形で表出することは、自分も相手も傷つくだけではなく、お互いの人生に影響を及ぼす問題となることもあります。怒りの感情が起こったとしても、心身を落ち着かせ、適切な言葉を選び、自分の気持ちや考えを伝えていくことが重要です。このような理由からアンガーマネジメントのプロ

グラムでは、自分も相手も尊重するアサーティブコミュニケーションとは何かを学び、自分の気持ちや考えを伝える方法を身に付けていくことが重要であると考えています。

2 自分のアサーティブ度をチェックする

　日頃、自分はどのようなコミュニケーションを取っているか意識したことはありますか。ここでは、自分のコミュニケーションはどのような傾向があるか見てみましょう。

自分のアサーティブ度をチェックしてみましょう。
(チェック結果はダウンロード資料の「アサーティブ度チェックシートの解説」を参照)

12-1

アサーティブ度チェックシート

1	あなたは、誰かにいい感じを持ったとき、その気持ちを表現できますか？	はい・いいえ
2	あなたは、自分の長所やなしとげたことを人に言うことができますか？	はい・いいえ
3	あなたは、自分が神経質になっていたり、緊張していたりするとき、それを受け入れることができますか？	はい・いいえ
4	あなたは、見知らぬ人たちの会話の中に気軽に入っていくことができますか？	はい・いいえ
5	あなたは会話の場から立ち去ったり、別れを言ったりすることができますか？	はい・いいえ
6	あなたは、自分が知らないことやわからないことがあったとき、そのことについて説明を求めることができますか？	はい・いいえ
7	あなたは、人に援助を求めることができますか？	はい・いいえ
8	あなたは人と異なった意見や感じを持っているとき、それを表現することができますか？	はい・いいえ
9	あなたは、自分が間違っているとき、それを認めることができますか？	はい・いいえ
10	あなたは適切な批判を述べることができますか？	はい・いいえ
11	人から褒められたとき、素直に対応できますか？	はい・いいえ
12	あなたの行為を批判されたとき、受け応えができますか？	はい・いいえ
13	あなたに対する不当な要求を拒むことができますか？	はい・いいえ
14	長電話や長話のとき、あなたは自分から切る提案をすることができますか？	はい・いいえ
15	あなたの話を中断して話し出した人に、そのことを言えますか？	はい・いいえ
16	パーティなどへの招待を、受けたり、断ったりすることができますか？	はい・いいえ
17	押し売りを断れますか？	はい・いいえ
18	あなたが注文した通りのもの（料理とか洋服など）がこなかったとき、そのことを言って交渉できますか？	はい・いいえ
19	あなたに対する人の好意がわずらわしいとき、断ることができますか？	はい・いいえ
20	あなたが援助や助言を求められたとき、必要であれば断ることができますか？	はい・いいえ

出典：平木典子（2021）『三訂版　アサーション・トレーニング』（株式会社日本・精神技術研究所）

ワーク 12-1 について、気づいたことをグループでシェアしましょう。

3 コミュニケーションのタイプを知る

　　自分のアサーティブ度を振り返ってみて、自分の傾向がわかりましたか？　ここでは、
4 つのコミュニケーションのタイプを見ていきます。

攻撃型（プンプン爆発型）
自己中心的な考え方をする。自分の気持ちや意見は言うが相手のことを
配慮しない。感情的・威圧的な口調になり相手を批判したり、否定した
りする。正論で相手を追い詰め、人間関係を勝ち負けで考える傾向があ
る。

受身型（ビクビク不安型）
常に相手の気持ちを優先して、自分の気持ちは後回しにする。人間関係
が気まずくなるのを避けるために、何か頼まれても断ることができない。
自分の気持ちを抑え、相手に合わせているので、知らず知らずのうちに、
自分の本心がわからなくなり、葛藤を抱えてしまう。

作為型（ネチネチ陰険型）
自分の言いたいことはあるのに、はっきり相手に伝えず、遠回しな言い
方や、皮肉や嫌みを言うことで間接的に相手に不快な気分や罪悪感を抱
かせる。明確に言わない点は受身的だが、心に攻撃性を秘めている。

アサーティブネス（自他尊重型）
相手の気持ちや考えを尊重しながらも、自分の気持ちや考えを誠実に、
率直に伝える。お互いの意見や考えが違うことを問題とせず、歩み寄ろ
うとする姿勢がある。目の前の問題を解決するためにどうしたらよいか
を考え、対等な人間として、双方向のコミュニケーションを行う。

 自分に当てはまるタイプはありましたか？　グループでシェアしましょう。

 以下の質問に対して考え、グループでシェアしましょう。
　① 自分を表現することが苦手と感じるのは、どのようなときですか？
　② 自分を表現するのが苦手と感じる相手は誰ですか？
　③ 自分の伝えたいことが上手く伝わらないと思ったとき、どうしますか？

4 自分の感情を知る

　アサーティブコミュニケーションの第一歩は、自分の感情を知ることです。例えば、人前で強い口調で叱責され、相手の言葉や態度によって傷つき、辛い気持ちになったとしましょう。その気持ちを我慢していたら、さらに辛くなり、怒りの感情も湧いてきます。そうならないために、自分の感情からのメッセージに耳を傾けてみると、相手に「人前でそのような言い方をされると辛いのでやめてほしい」という考えが頭の中に浮かんでくるかもしれません。自分の考えや感情がわかったら、それを相手に誠実に、率直に伝えていきます。

12-2

この１週間を振り返り、「自分の感情」に焦点を当て、どのような感情があったか書いてみましょう（例：イライラ、不安、焦り、楽しいなど）。

ワーク 12-2 についてグループでシェアしましょう。

5 アサーティブな「心の姿勢」

　アサーティブコミュニケーションでは、以下の４つの「心の姿勢」を大事にしています。

（1）自分にも相手にも誠実になる

　今、自分はどう感じているかを誠実に受け止め、どうするかを自分で決め相手に伝えます。「私は、この案件については煮詰まって困っているので、協力してほしい」。

（2）率直に簡潔に伝える

　自分の気持ちや考えを率直に簡潔に伝えます。前置きが長くなればなるほど、相手は「何が言いたいの？」と混乱してしまいます。

（3）対等な人間関係を築く

　役職による立場の上下はあっても、問題解決をしなければならないときは、問題解決のためにどうしたらよいかを対等な人間として話すことが大切です。

（4）自分の言動に責任を持つ

　自分の取った言動は、自分が決めて行ったことです。その結果を相手のせいにすることは、アサーティブな態度ではありません。自分の言動には自己責任が伴います。

6　第12章のまとめ

　アサーティブコミュニケーションは、自分も相手も尊重しながら行う問題解決型のコミュニケーションです。他者との関わりの中で、ときには意見の相違から対立が起こったりすることがあります。このようなとき、自分の気持ちや考えを相手に伝えづらく、自分の気持ちをぐっと我慢したり、自分の思い通りにならないことへ苛立ちを感じ威圧的な言動になったりする場合があります。アサーティブコミュニケーションを行うためには、まず自分と向き合い、自分の感情や考えがわかっていることが大切です。その上で、自分にも相手にも誠実になり、率直に簡潔に、対等な人間として相手と向き合います。スキルだけではなく、自他尊重の心の姿勢を持ち、コミュニケーションをしていきます。

　♡ **教師として意識しておくこと⓬**

　新しい職場では、その環境に慣れるだけでも緊張し、上司や先輩とどのようにコミュニケーションを取ったらよいか戸惑うことがあるかもしれません。それは子供たちも同じです。新しい学年になるとクラスも変わり、担任やクラスメートとコミュニケーションを取ることが苦手な子供たちも珍しくありません。苦手と感じると、さらに緊張してしまい、始めの一言が出なくなります。苦手と感じてしまうのは、コミュニケーションの仕方がわからないからです。そのようなときこそ、子供が自分の気持ちや考えを、安心して相手に伝えることができるように、教師はサポートしていきましょう。

　♥「教師として意識しておくこと⓬」について考えたことや感じたことを自由に書いてみましょう。

　✔ 授業が終わった後の「今の気持ちチェック」（8ページ）を記入しましょう。

第13章

アサーティブコミュニケーションⅡ
―アサーティブに依頼する方法―

　相手に依頼する、要求を伝えるときに、私たちは相手がわかるように伝えているでしょうか。一方的に自分の伝えたいことだけを言っていないでしょうか。相手に理解してもらうためには、伝える側も何をどのように伝えたらよいかを工夫することが必要です。

　本章では、アサーティブコミュニケーションで大切な「相手に伝える内容」や「伝え方のポイント」を学びます。さらに、DESC法（デスク）で伝える内容を整理し、ロールプレイを通して相手に依頼するアサーティブコミュニケーションを体験してみます。

📖 **本章で学ぶこと**
- アサーティブコミュニケーションで相手に伝える内容やポイントを理解する。
- アサーティブな人とそうではない人のノンバーバルの特徴を知る。
- アサーティブに依頼するコミュニケーションを学ぶ。
- DESC法で伝えたいことを整理し、ロールプレイを体験する。

💡 **本章のキーワード**
　依頼する、相手に伝える内容、伝えるときのポイント、アサーティブな人、
　ノンバーバルメッセージ、DESC法、ロールプレイ

✔ 授業の前に「今の気持ちチェック」（8ページ）を記入しましょう。

相手に依頼するアサーティブコミュニケーション

　ここでは、実際のコミュニケーションの方法（テクニック）について学びます。自分ではしっかり伝えているつもりなのに、相手に伝わっていないという経験は誰にでもあります。相手に理解してもらうためには、話す側も伝え方の工夫が必要です。ここでは、相手にアサーティブに依頼する伝え方を学びます。

●相手に伝える内容

　アサーティブコミュニケーションでは、以下の４つを相手に伝えていきます。それぞれの頭文字をとって「DESC（デスク）法」と言います。

（1）Describe（描写する）―具体的、客観的な事実や状況を伝える

　相手が合意できる具体的、客観的な事実や状況を伝えます。曖昧な言葉は使わず、また相手の人格や性格について言うのではなく、その人の行動に焦点を当てて伝えます。

　　例）A 先生、明日の職員会議に出す資料を、今日までに見せていただきたいと、先週
　　　　２回お願いしましたけれど、まだ見せてもらってないですよね。

（2）Express（表現する）―感情を伝える

　そのとき、自分はどのように感じたか、また今どのような気持ちなのかを伝えます。

　　例）何か困ったことでもあったのかなと、私はとても心配していました。

（3）Specify（明確にする）―要求や提案を伝える

　相手が実行できる具体的な要求や提案をする。相手の行動をどう変えてほしいか明確に伝えます。

　　例）できないときもあると思うので、そんなときは、私に直接知らせてくださいますか。

（4）Choose（選択する）―対応を準備しておく

　相手が要求や提案を受け入れた場合（Yes）、または受け入れない場合（No）の対応を準備しておきます。

　　例）相手が Yes の場合：はい、わかりました。これからは直接お伝えします。
　　　　➡あなたの返答：そうしてもらえると助かります。よろしくお願いします。
　　　　相手が No の場合：いや、できるだけ自分で準備したいので、やります。
　　　　➡あなたの返答：できない場合は、誰か他の人にお願いすることもできます。早
　　　　　　　　　　　　ければ早いほど対応しやすくなりますので、無理そうになった
　　　　　　　　　　　　ら是非すぐに教えていただけませんか。

●伝えるときのポイント

伝えるときには、以下のような点を意識するようにしましょう。

- **伝えたいことは優先順位をつけて1つ、的を絞って伝える。**
  1度に複数のことを伝えると、相手も何を言われているのか混乱する場合があります。伝えたいことが2つある場合は、別の機会を設けて伝えます。
- **そのときの自分の気持ち（感情）に合った表情や態度で伝える。**
  ネガティブな感情を伝えるときは、にこにこしないで、その感情に合った表情で伝えます。
- **相手の立場や状況を理解する言葉を伝える。**
  「仕事が立て込んでいて、お忙しいと思いますが〜」
- **「私は〜」と自分を主語にして伝える。**
  「私はとても困っている」「私は○○さんに相談にのってもらいたい」など。

●ノンバーバルメッセージが伝えること

ノンバーバルとは「言語を使わない」「非言語」という意味で、表情やしぐさなども相手へのメッセージになります。相手の気持ちや考えを尊重しながら、自分の気持ちや考えを相手にわかるように伝えることができる「アサーティブな人」（95ページの4つの心の姿勢を実践できる人）と、そうでない人の違いは、ノンバーバルにも現れます。

〈アサーティブな人とアサーティブでない人のノンバーバルな特徴〉

	アサーティブな人	アサーティブでない人
視線	適度なアイコンタクト	凝視する、目を合わせない
姿勢	相手にまっすぐ向き合っている	相手に向き合わない、腕を組む、ふんぞり返る
相手との距離	手を伸ばすと届くくらい	遠すぎる、近すぎる
身振り・手振り	オーバー過ぎず適度にある	多い、オーバー、全くない
顔の表情	自分や相手の話す内容や感情に合っている。	話の内容に合わない表情（相手が苦しい状況を話しているのに笑顔）、ずっと険しい表情など
声のトーン	落ち着いて、安定している	語気が強い、弱い、不安定
ペーシング*	相手に合わせる	相手の話を遮る、反応がない

＊ペーシング：コミュニケーションにおける話す速度、声の大きさや高低、あいづちやうなずきの頻度やタイミングのスキルを言う。

 自分のノンバーバルな態度はどうでしょうか？　考えて、グループでシェアしましょう。

アサーティブコミュニケーションⅡ

2 DESC法で伝えたいことを整理する

　アサーティブコミュニケーションで依頼するには、DESC法に沿って、伝えたい内容を整理することが大事です。以下の例を参考に見てみましょう。

〈ケース1：先輩のB先生にお願いする〉

　Aさんは、新しい職場に就いて1か月が経ちました。生活指導についてわからないことがたくさんあるのですが、先輩の先生方も忙しそうにしているので、「こんな些細なことを聞いたら迷惑かもしれない。でもどうしたらいいんだろう」となかなか尋ねることができません。最近は、「こんなこともわからない自分はダメだな」と考えてしまうので、B先生に相談したいと思っています。

〈内容を整理するときのポイント〉

① 自分は何に困っているのか具体的な事実や状況を伝える。

② そのときの自分の気持ち（感情）を伝える。

③ 自分が伝えたい要求やお願いは何か、的を絞って伝える。

	相手に伝える内容
D	具体的な事実や状況を伝える B先生、お忙しい中、申し訳ないのですが、3分くらいお時間よろしいでしょうか。実は、生活指導についてわからないことがたくさんあります。
E	自分の気持ち（感情）を伝える 特に、生活指導の○○について、どう考えて、どう対応したらよいか、困っているんです。こんなこともわからない自分は、ダメだなぁって思ってしまうのです。
S	相手に自分の要求や提案を伝える 大変お忙しいとは思いますが、もし、今日の放課後、B先生のスケジュールが20分くらい空いていましたら、相談にのってもらいたいのですが、いかがでしょうか。
C	選択肢を準備しておく（相手がYesの場合とNoの場合） B先生がYes：ありがとうございます。それでは、何時にどこへ行ったらよいでしょうか？ B先生がNo：それでは、別の日はいかがでしょうか？　先生のご都合の良い日時を教えていただけますでしょうか。

3　依頼のアサーティブコミュニケーションの実践 1：同僚へのお願い

以下のケース 2 について、DESC 法に沿って伝えたい内容を整理して、C さんのセリフを書いてみましょう。

13-1

〈ケース 2：同僚の D さんにお願いする〉

　C さんはバイト先で時々ミスをしてしまいます。ミスをすると店長から仕事のことで、度々厳しい口調で叱責されています。叱られているとき、ドキドキして店長の言っていることが頭に入りません。そのため、またミスをしてしまいます。今度そのようなことがあったときには、いつも一緒にバイトに入る同僚 D さんに、店長の話を一緒に聴いてもらいたいと思っています。

	相手に伝える内容
D	具体的な事実や状況を伝える
E	自分の気持ち（感情）を伝える
S	相手に自分の要求や提案を具体的に伝える
C	選択肢を準備しておく（相手が Yes の場合と No の場合）

13

アサーティブコミュニケーションⅡ

ワーク 13-1 で書いた台本をもとに、4 人 1 組で、相手にお願いする（依頼）ロールプレイをやってみましょう。ノンバーバルな態度も意識してやってみましょう。ロールプレイの手順は以下の通りです。＊3 人 1 組の場合は観察者が進行係も兼ねます。

ロールプレイの役割を決める

- 演技者 1：課題に取り組む人
- 演技者 2：演技者 1 の相手役になる人
- 観察者　：演技者 1 と演技者 2 のロールプレイを客観的に見る人
- 進行係　：ロールプレイ全体の進行を行う人

ロールプレイの進め方

1) 演技者 1 が状況や相手がどのような人か説明する。（2 分）
2) 演技者 2 は自由に演じる。ただし、1 回は相手の要求・提案を断る。
3) 進行係がきりのよいところでストップをかける。
4) 全員でフィードバックをする。（下の「フィードバックのやり方」を参照）
5) 全員が順に、演技者 1 になりロールプレイを行う。

フィードバックのやり方

- 演技者 1 は、自分の気持ちや考えをアサーティブに伝えられたかどうかについて、良かった点を 1 つ、改善点を 1 つ言う。
- 他の人は、演技者 1 に対して以下の 2 点について具体的、簡潔に伝える。
  ① 演技者 1 のロールプレイでアサーティブな視点から良かった点を 1 つ伝える。
  ② アサーティブに伝えるための改善点を 1 つ伝える。
- フィードバックは、演技者 1 →演技者 2 →観察者→進行係の順で行う。
- 演技者 1 を批判したり、自分の考えを押し付けたりしない。

フィードバックをするときの視点
◆ポイント 1：具体的な事実や状況を伝えられたか
◆ポイント 2：自分がどう感じているかを伝えられたか
◆ポイント 3：具体的な要求や提案を伝えられたか
◆ポイント 4：相手が要求を受け入れたときと受け入れて
　　　　　　　くれなかったときの対応を準備していたか

 グループ内の全員がロールプレイをした後、考えたことや感じたことをシェアしましょう。

4 | 依頼のアサーティブコミュニケーションの実践２：子供への要求

以下のケース３について、DESC法に沿って伝えたい内容を整理して、教師のセリフを書いてみましょう。

13-2

〈ケース３：教師が子供に席に戻らない理由を聞く〉

Aさんは小学２年生です。算数の時間になると椅子に座っていても、そわそわして他のことをやり始めます。ときには、席を立って教室の中を歩き回ります。教師が「席に戻ろうね」と声をかけても「嫌だ！」と言って戻ろうとしません。

	相手に伝える内容
D	具体的な事実や状況を伝える
E	自分の気持ち（感情）を伝える
S	相手に自分の要求や提案を具体的に伝える
C	選択肢を準備しておく（相手がYesの場合とNoの場合）

上で書いた台本に沿って、ロールプレイをやってみましょう（102ページのロールプレイの手順を参照）。

グループ内の全員がロールプレイをした後、考えたことや感じたことをシェアしましょう。

5 **第13章のまとめ**

　初めての職場や新しい環境で、戸惑うことやわからないことが多いとき、職場の上司や同僚にお願いや要求（～してほしい）を率直に伝えられますか？　学校現場では、「教師なのだから、いちいち聞くとどう思われるかな」「このくらいのことは、自分で考えて対処しなくては…でもどうやったらいいのかな」と悩んでしまうこともあるかもしれません。しかし、戸惑うことやわからないことをそのままにしておくと、悩みは大きくふくれ上がってしまいます。そのようなときは、アサーティブコミュニケーションで相手に「相談したい」「○○の件について具体的に教えてもらいたい」と自分から声をかけてお願いをすることが大事です。

教師として意識しておくこと⓭

　子供たちは、他者と上手にコミュニケーションを取ることが難しい場合があります。適切なコミュニケーションの仕方を知らないがゆえに、トラブルに発展することも少なくありません。そのようなとき、教師がアサーティブコミュニケーションの方法を知っていたら、どのように相手に伝えたらよいかを子供たちと一緒に考えたり、ロールプレイをやってみたりすることができます。アサーティブコミュニケーションは、保護者や、職場の上司、同僚とのコミュニケーションにも使えます。困ったことや心配なことがあったとき、一人で抱え込まないで、アサーティブコミュニケーションで周りの人に自分の気持ちや考えを伝えていきましょう。

♥「教師として意識しておくこと⓭」について考えたことや感じたことを自由に書いてみましょう。

✔ 授業が終わった後の「今の気持ちチェック」（8ページ）を記入しましょう。

一人一人に合わせた対応

本書に出てくるケースは、ほんの一例です。学校現場では、さまざまな家庭環境の子供たちや発達に特性のある子供たちもいます。目の前の一人一人の子供をいろいろな視点で捉えて、コミュニケーションを取っていくことが重要です。

第14章

アサーティブコミュニケーションⅢ
―アサーティブに断る／批判に対処する方法―

　私たちは、相手から依頼されたり、誘われたりしたとき、断りづらいと思ったことはないでしょうか。断ったら気まずくなるのではないかと考え、つい引き受けてしまい後悔することもあります。また、突然人から批判を受けたときも、怒りの感情が湧いてきたり、動揺して何も言えなくなったりすることもあります。

　本章では、アサーティブに断るコミュニケーションやアサーティブに相手の批判に対処するコミュニケーションを学びます。

📖 **本章で学ぶこと**

・アサーティブに断るコミュニケーションを学ぶ。

・アサーティブに批判に対処するコミュニケーションを学ぶ。

・DESC 法で伝えたいことを整理し、ロールプレイを体験する。

💡 **本章のキーワード**

クッション言葉、断るときのポイント、批判の種類、歪んだ批判、

悪意のない批判、悪意のある批判、批判への対処と伝え方のポイント、ロールプレイ

✔ 授業の前に「今の気持ちチェック」（8 ページ）を記入しましょう。

1 依頼や誘いを断るアサーティブコミュニケーション

　第13章では、相手に依頼をする、お願いをするアサーティブコミュニケーションを学び、ロールプレイで練習をしました。本章では、相手からの依頼を断りたいときのアサーティブコミュニケーションを学びます。

●「No」と言ってはっきり断る

　人から何か頼まれたとき、あるいは誘われたとき、断りづらいと思ったことはありませんか。自分の仕事が手一杯なときに、急な仕事を頼まれたり、行きたくないイベントに誘われたりしたときなど、頭の中にこんな言葉は浮かんでいませんか。「断ったら心が狭いと思われるかもしれない」「はっきり断ったら誘ってくれた人を傷つけないかな」。そう思ってしまう人は、断ることが苦手かもしれません。心の中で「断りたい」と思っても「ノー」と言えないでいると、それがストレッサーとなり、心身にストレス反応が現れてきます。例えば、胃痛や頭痛になって現れたり、怒りっぽくなったりする場合もあります。

　また、「私はきっぱり断れます」という人の中には、前置きもなく、「あ〜、無理です。できません！」と即答する人もいます。「ノー」と言えたとしてもこの伝え方では、相手は不快な気持ちになってしまいます。そのせいで、相手から反発され、関係が悪化することもあります。そこで、「ノー」と言っても人間関係を悪化させない、コミュニケーションをやわらげる「クッション言葉」について学びましょう。

●クッション言葉を使う

　クッション言葉とは、相手に依頼したり、断ったり、異論を唱えたりするときに、本題に入る前に添える言葉のことを言います。ストレートに言うときつくなりがちな内容も、クッション言葉を使うことで、相手に丁寧かつ優しい印象を与える効果があります。お願いや断りなど言いにくいことを伝える場合でも、相手に失礼にならずに伝えることができます。特に電話やメールでのコミュニケーションは、お互いに表情が見えません。声や文字だけでやり取りするので、クッション言葉を使うことは有効です。

> 例）お忙しい中、申し訳ありませんが、この書類を今日中に仕上げてもらえますか。
> 　　恐れ入りますが、郵送していただけますか。
> 　　大変残念ですが、今回は○○○のため、ご一緒することができません。
> 　　ありがたいお話ですが、○○○のため、今回はご辞退させていただきます。

　このようにクッション言葉をコミュニケーションの中に入れることで、自分の気持ちや考えも伝えやすくなります。

 他にどのようなクッション言葉があるか、グループで話し合ってみましょう。

2 DESC法でアサーティブに断る

　いざ断ろうと思っても、何をどのように伝えたらよいのか迷ってしまい、断れなくなることがあります。98ページで学んだ DESC 法に沿って、断り方の例を見てみましょう。

〈ケース1：友達Aさんからの新作映画への誘いを断る〉
　友達Aさんから新作のホラー映画が上映されるので、一緒に行こうと誘われましたが、映画に行くことを断りたいと思っています。

		伝える内容	具体例
D		自分が取り上げたい具体的な事実や状況を伝える。	Aさん、新作の映画に誘ってくれて…
E		どのように感じているか自分の気持ち（感情）を伝える。 ①誘いを受けたときの気持ち ②今、伝えようとしているときの気持ち	①ありがとう。とても嬉しかった。 ②せっかく誘ってくれたのに、言いにくいんだけれど…
S		何がNoなのか、具体的に的を絞って伝える。	新作の映画はホラー映画なので、実は、私、怖い場面や残虐な場面が苦手なんです。申し訳ないけれど、今回は辞退します。
C		相手が要求を受け入れた場合、また受け入れない場合の対応を準備し相手に伝える。	誘った相手がYesの場合： 　わかってくれてありがとう。 代替案がある場合： 　ホラー映画以外なら、私は大丈夫なので、他の映画に行きませんか。

●断るときの伝え方のポイント
● 相手の気持ちをまず受け止める。
　相手は良かれと思って誘ったり、何かに困っているのでお願いしたりしてくる場合が多いです。
● 何が「No」なのかを的を絞って具体的に伝える。
　誘われた内容（例：映画の内容や日時など）の何がNoなのかを具体的に伝えます。
● 気持ちに合わせた態度や表情で伝える。
●「私は」を主語にして、自分の気持ちや考えを相手に伝える。

- 代替案があれば示す。
- その場ですぐに返答ができないときは、いつまでに返事をするかを伝える。
- 話を引き延ばさないようにする。
  引き延ばさないコツは、話題を変える、またはその場を立ち去ることです。断ったのにその場に居続けると、相手はもう一度誘ってみようと思ってしまいます。

3 断るアサーティブコミュニケーションの実践：友人の誘いを断る

 以下のケース2について、DESC法に沿って伝えたい内容を整理して、Bさんのセリフを書いてみましょう。

14-1

〈ケース2：ゼミ仲間の友人Cさんからの遊びの誘いを断る〉

　Bさんは大学生です。Cさんから「教育実習が終わったら、一緒にどこかに行こう」と誘われました。以前、食事に誘われて行ったのですが、Cさんは自分のことばかり話して楽しくありませんでした。また、実習が終わったら、一人でのんびり過ごしたいと思っているので、Cさんからの誘いを断りたいと思っています。

	相手に伝える内容
D	具体的な事実や状況を伝える
E	自分の気持ち（感情）を伝える
S	相手に自分の要求や提案を具体的に伝える
C	選択肢を準備しておく（相手がYesの場合とNoの場合）

ワーク 14-1 で書いた台本に沿って、ロールプレイをやってみましょう（102 ページの
ロールプレイの手順を参照）。

 各グループのロールプレイが終わったら、全体でシェアしましょう。

4 批判に対処するアサーティブコミュニケーション

　次に、相手から批判を受けたとき、どのようにその批判を受け止め、アサーティブに
対処しコミュニケーションを取るかを学びます。

　生まれてから今日まで、誰もが何らかの批判を受けた経験があるのではないでしょう
か。批判は自分が思ってもみないときに、また予想もしていない人から受ける場合があ
ります。批判への対処は、過去にどのような批判を受けたかと密接に関わっています。
特に幼少期に受けた批判が、今の私たちの行動に影響を与えることがあります。

　例えば、幼少期に「何をやっても不器用だね」などのようなレッテル貼りをされると、
大人になっても「自分は何をやっても不器用だ」と思い続けてしまいます。その結果、
相手からの批判に感情的に言い返したり、あるいは突然の批判に反論もできなかったり
する場合があります。

　批判でも正当な批判は、あなたへの関心が高いがゆえに伝えてくれるものです。自分
の気づかないことを気づかせてくれる貴重な機会となります。しかし、不当な批判は聞
き流したり、きっぱりと対応したりすることで、あなた自身を守ることができます。ま
ず、どのような批判なのかを見極めることが重要です。

 これまで自分が受けた批判について、グループでシェアしましょう。

●批判の種類

　批判にもさまざま種類があります。これらを知ることは、批判に動揺しないでコミュ
ニケーションを取る助けになります。

（1）歪んだ批判 （Paterson, 2000）

① その人の気分による批判

　あなたに向けられた批判は、あなたに対してよりもその人の気分が影響しています。

　例）家に帰ったら、何もしていないのにイライラしている父親から怒鳴られた。

② 非現実的な批判

　あなたに完璧を求め、期待に添えないと怒りが湧き批判してくる場合です。

　例）報告書に少しでも記入漏れがあると、「適当な報告書を書くな」と言われる。

③ 操作するための批判

　あなたの言動をコントロールしたくて批判する場合です。

例）あなたははっきりものを言えないのね。私の言う通りにやってみなさい。

④ 嫉妬による批判

あなたを価値下げしようとする批判で、あなたに嫉妬しています。

例）「A先生があなたの報告書を見て、誤字が多い人だなと言っていたよ」と同僚から言われた。

⑤ 競争による批判

あなたを競争相手とみなし、あなたに自信をなくさせようとする場合です。

例）指導案が仕上がってよかったわね。でも私だったら、その指導案は書き直すわ。

⑥ 欲求不満による批判

怒りや不満を表現せず自分の中にため込み、限界に達した結果、突然身近にいる人を批判する場合です。

例）「B先生のクラス、まとまりがないね。指導が悪いんじゃないの」と突然言われた。

⑦ 不安・恐怖

相手からの批判に対して言い返すと、自分に嫌な形で攻撃されるのではないかという不安や恐怖から、はっきり相手を批判せず、わかりにくい形で表現します。

例）生徒への支援について先輩の教師から叱責されたので、自分の考えや提案を伝えたが、支援会議では自分の提案について全く触れてもらえなかった。それ以降、生徒支援について全ての相談は、別の教師にするようにした。

（2）悪意のない批判

批判には必ずしも悪意があるとは限りません。状況を説明しているだけのものや、その内容が自分にとって耳の痛いだけのものもあります。過剰に反応せず、落ち着いて冷静に判断しましょう。

例）今日着ている洋服の色は、あなたのイメージに合わないね。黄色の方が似合っている。→その人に合う色を伝えているだけ。

（3）悪意のある批判

私たちが不快、理不尽に感じるのは悪意のある批判です。したがって、その批判には、敵意や攻撃性を含んでいます。行動そのものよりも、その人の人格、出自、存在に向けられる批判が多いです。これらの批判は不当な批判です。

例）経験の浅い人は、子供への対応や保護者への対応にいつも失敗するよね。

5　批判されたときの対処と対応のポイント

● 「相手からの批判＝自分を全否定」と捉えないことが重要です。
● 批判された内容が曖昧なときは、「具体的にどのようなことですか？」等の質問をして明確にします。

- 批判が妥当か、部分的に妥当か、あるいは全く妥当ではないかを見極めます。
- 批判の内容に同意できたら、落ち着いて自分の間違いを認めます。
- レッテル貼りのように妥当ではないときは、率直に穏やかに否定します。
- どんな場合でも、状況を争いの場にしません。
- 怒りを感じる場合でも相手の話を最後まで聴き、相手が話し終わってから話します。
- 言い訳をせず説明をします。
- 相手の考えを変えようとしません。

6 DESC法で相手の批判にアサーティブに対処する

批判に対してどのようにアサーティブに伝えるか、以下のケース3を見てみましょう。

〈ケース3：小学生Dさんの保護者からの批判（訴え）〉

　Dさんの保護者から電話があり、「先日、クラスのEさんとケンカになったとき、うちの子の気持ちもしっかり聴かないで、『お互いに謝りましょう』で終わったそうですね。お互いに謝れば問題は解決するのですか?!　家に帰ってきて、「先生はEさんに『そういうことを人に言わないように』って注意しただけで、私の気持ちを全然聴いてくれなかったと言って泣いていました。どんな指導をしているんですか?!」と言われた。

	伝える内容	具体例
D	自分が取り上げたい具体的な事実や状況を伝える。	Dさん、家でのお子さんの様子を知らせてくださりありがとうございます。先週の月曜日に、EさんとDさんがクラスで言い争っていたので、2人を放課後残して話を聴きました。そこで、お互いの言い分を聴いて、「お互いに謝りましょう」と伝えたのですが…
E	どのように感じているか自分の気持ち（感情）を伝える。	今日のお母様のお話から、私はDさんからケンカになった理由やそのときの気持ちを十分聴いて受け止めていなかったことがわかりました。私の対応が適切ではなく申し訳ありませんでした。
S	自分ができる提案をする	再度、Dさんにそのときの気持ちや様子を聴く時間を持ちたいと思います。また、その結果もお母様にお伝えします。
C	相手が要求を受け入れた場合、また受け入れない場合の対応を準備し相手に伝える。	母親がYesの場合：是非、そうしてください。 教師：明日以降Dさんとの時間を取ります。 母親がNoの場合：いえ、もういいです！ 教師：私はDさんと良い関係を築きたいので、再度Dさんの様子や気持ちを聴きたいと思います。また、そのときの様子などもお母様にお伝えします。お母様からも家での様子を聴かせてください。

14

アサーティブコミュニケーションⅢ

7 批判に対処するアサーティブコミュニケーションの実践

14-2

以下のケース 4 について、DESC 法に沿って伝えたい内容を整理し、担任の先生のセリフを書いてみましょう。

〈ケース 4：中学生 E さんの保護者からの批判（訴え）〉

　E さんの保護者が担任の先生へ「部活動の指導が怖いので、うちの子は部活を辞めたいと言っています。学校へ行くと、部活の先生から何か言われるんじゃないかと考えてしまい、学校へ行くのが嫌だと言っているんです。どんな指導をしているのですか？怖いと感じるほどの指導までしなくていいと思うのですが！」と言ってきた。

	相手に伝える内容
D	具体的な事実や状況を伝える
E	自分の気持ち（感情）を伝える
S	相手に自分の要求や提案を具体的に伝える
C	選択肢を準備しておく（相手が Yes の場合と No の場合）

ワーク 14-2 で書いた台本に沿って、ロールプレイをしましょう（102 ページのロールプレイの手順を参照）。

各グループのロールプレイが終わったら、全体でシェアしましょう。

8 第14章のまとめ

　職場でも、職場以外の場所でも、急に何かを依頼されたり、誘われたりしたときに角が立たない断り方を身に付けていると、冷静にコミュニケーションが取れます。そのコツは「クッション言葉」を入れることです。また、批判されることは誰しも心地よいものではありませんが、批判と言ってもその内容はさまざまです。歪んだ批判や悪意のある批判もあれば、悪意のない批判もあります。どのような批判であるのかを見極めることが重要です。批判されたときの対処のポイントを身に付けておくことで、とっさの批判にも適切に対応しやすくなります。

教師として意識しておくこと❶

　学校現場だけでなくどこの職場にいても、依頼されることを全て引き受けてしまうと自分が苦しくなってしまいます。できないときやできないことは勇気を出して断ることも必要です。また、誰も、初めから完璧にできるわけではありません。ときには耳の痛いことを言われることもあるでしょう。しかし、相手の言葉がみなさんの全てを否定しているわけではありません。「批判＝自分を全否定」と捉えないようにしましょう。そのように捉えてしまうと自尊感情や自己肯定感が低くなってしまいます。内容次第で、相手からの批判は自分を成長させてくれる贈り物と捉えることもできます。批判されたことで、自分には何が足りなかったのだろうかと考えるきっかけにしていきましょう。

♥「教師として意識しておくこと❶」について考えたことや感じたことを自由に書いてみましょう。

✅ 授業が終わった後の「今の気持ちチェック」（8ページ）を記入しましょう。

💡 保護者の気持ちを受け止める／困ったときは相談する

　保護者からの批判に対しては、保護者の考えや気持ちを傾聴し、受け止めることが大切です。言い返したり、言い訳をしたりすると、相手は自分の気持ちを受け止めてもらえないと思ってしまい、言い争いになりかねません。教師になったばかりのときは、対応に戸惑います。そのときは、先輩の先生に相談したり、応援を頼んだりしましょう。

西南学院中学校・高等学校　教諭　猿渡 恵

　私は中学校で働いています。さまざまな背景を持つ人たちと関わって行く中で、自分の問題と相手の問題の境界線がわからず苦しむことが多々ありました。そんな中、アンガーマネジメントを学ぶ機会に恵まれ、まず次の2つのことを知りました。1つ目は、自分の気持ちを大事にすることの重要さ。2つ目は、自分の思いが受け入れられるか否かに関わらず、気持ちを相手に伝えることによって心が軽くなるということです。

　自分の気持ちを適切に相手に伝えるためには、自分と向き合い、感情を整理することが必要です。アンガーログを書き、ワークに取り組むことを通して「怒りの氷山モデル」の水面下にある「怒り」だけでなく、自分では気づいていなかった「不安」「恐れ」「不満」「哀しみ」等の感情に向き合いました。「自身を見つめる」ということは辛い体験ではありましたが、心が解放されることでもありました。さらに、自分の考え方のくせが見つかりました。そして、自分を苦しめたり怒らせたりした出来事は変えられないけれども、自分の捉え方次第でその出来事がプラスにもマイナスにもなり得ることを理解しました。

　このようにして学んだアンガーマネジメントを日々の生活で実践することで、出来事を複眼的に見たり、俯瞰したりすることができるようになりました。心に余裕ができ、それまでと比べると随分と冷静に対応ができるようになりました。そうなると自分を救ってくれたアンガーマネジメントを、是非とも生徒たちに伝えたいという思いが強くなりました。学業や対人関係で悩みを抱える思春期真只中の彼らにとって必ず役立つものだということを、自身の体験によって確信したからです。まずは担当学年の生徒たちへ授業を行いました。その後、学校全体で取り組むプログラムへと発展しました。以下である生徒の感想を紹介します。

　「3年間アンガーマネジメントの授業を設けてくださりありがとうございました。怒りの感情をコントロールする方法や自分を見つめ直す方法を教えてくださり、いつもアンガーマネジメントの授業の直後は気持ちを穏やかにすることができました。しかし、まだ教わったことを自分のものにできていないため、いまだに激しい感情をコントロールすることは少し難しいです。これから高校生になっていく過程でも、辛いことや耐えなければならないことは今よりきっと多くなります。この授業を通して学んだことをその都度振り返りながら、自分自身と上手く付き合い、穏やかな感情を保つ努力をしていきたいです。」

　アンガーマネジメントが持つ「自己救済の力」。これは、人生をよりよく生きるために、あらゆる年代の人にとって有益なスキルの1つだと考えます。自分を認め大切にすること、自他尊重の心を養うこと、そして自分らしくあること。これからも生徒たちと共にアンガーマネジメントを周りの人たちに伝えていきたいと思います。

第15章

アンガーマネジメントを振り返って

　アンガーマネジメントの授業全14回を通して習得した知識、自分のこととして体験したこと、他者と共有したことや、自分と他者との違いなどを振り返ります。各章のワークでいろいろと自分の考えや感情などを書きましたが、その内容こそ、今の「自分」です。

　本章では、今までの学びを基に、自分への問いかけの中で、自分自身と対話し、自分を再確認していきます。どんな自分でも自分であり、ありのままの自分を認め、大切にすることを意識していきます。

📖 **本章で学ぶこと**

　・これまで学んだことを振り返る。

　・自分から見た自分と、他者から見た自分について知る。

　・ありのままの自分を認める。

💡 **本章のキーワード**

　振り返り、自分から見た自分、他者から見た自分、ありのままの自分

✔ 授業の前に「今の気持ちチェック」（8ページ）を記入しましょう。

1　これまでの学びから

　第 1 章から第 14 章まで、アンガーマネジメントについてさまざまな視点で学んできました。ストレスを、ストレスの原因であるストレッサーと、それによって引き起こされるストレス反応に分けて、自分自身のストレスについて考えました。また、怒りの感情の裏にあるネガティブな感情について探ってきました。その中で、自分で気づいたことを他者と共有したり、自分とは違う他者の意見に耳を傾け、自分と他者との違いに気がついたりしたのではないでしょうか。

　また、怒りの感情が起こったとき、興奮した心身を落ち着かせるストレスマネジメントのスキルを知り、自分の習慣になっている考え方に気づいて、イライラしにくい考え方に変える方法も学びました。さらに、相手を理解するために、相手の話に耳を傾けしっかり聴く傾聴の方法を知り、自分の考えや気持ちを適切な言葉で相手に伝える重要性をアサーティブコミュニケーションのロールプレイを通して学びました。

　これまでの学びはすべて、「自分のことを知る」ことにつながる大事な作業です。「自分のこと」とは、自分の物事の捉え方や考え方の傾向、人との関係の取り方や行動の特徴などです。自分のことなので、よくわかっていると思いがちですが、実は意識せずに習慣的に行っている場合が多いため、自分では気づかないこともあります。自分を知る（自己理解）ことで、相手のこともわかる（他者理解）ようになります。他者との関係においては、それがお互いを知ること（相互理解）につながります。

　このテキストの中で、自分にとって一番印象に残っていることはどんなことでしょうか。一番気になったのはどのようなことでしょうか。アンガーマネジメントの知識を得たり、ワークを通して実践したりしたことで、何か変わったことはあったでしょうか。第 1 章で取りあげた「ミラクルデイズエクササイズ」（15 ページ）で記入した自分に少し近づけたでしょうか。これまでの 14 回の学びを振り返り、整理していきましょう。

2　自分から見た自分

　もう少し自分自身について考えていきましょう。自分自身について考えるということは、自分について知ることでもあります。アンガーマネジメントの学びの中でも自分自身と向き合うことがあったと思います。自分のことを知ることで、自分の強みや弱み、得意・不得意も明確になり、背伸びをしない生き方を選択できるようになります。

　「現在の自分」を、あなたはどのように捉えていますか？　現在としたのは、日々人間は成長して変化し続けるからです。私たちは、出会った人、経験、書籍やネットなどから得られるさまざまな情報により変化する存在です。ここでは、いま現在の自分に焦点を当て考えてみます。

15-1

自分に関する以下の質問に答えてください。

---

1. 自分のどんなところが好きですか？

　　_____

2. 自分のどんなところが嫌いですか？

　　_____

3. 自分の変えたいところはどんなところですか？

　　_____

4. 変えたくないところはどんなところですか？

　　_____

5. 幸せを感じるときはどんなときですか？

　　_____

6. 辛いと感じるときはどんなときですか？

　　_____

7. わくわくするのはどんなときですか？

　　_____

8. 不安を感じるのはどんなときですか？

　　_____

9. この 1 年間で、前より自分が成長したと思えることは何ですか？

　　_____

10. 1 つだけ願いが叶うとしたら何を望みますか？

　　_____

15-2

上記の 1 から 10 までの質問に答えてみて、何か気づいたことや考えたことはありますか？　自由に書いてみましょう。

---

3 他者から見た自分

　私たちは、毎日さまざまな場面で他者と関わりながら生活をしています。そのため、他者から自分がどのように思われているのかを意識することがあるのではないでしょうか。例えば、自分の意見を話す場面では、それが「間違っているかもしれない」、「間違っていたら、自分のことを変だと思われるのではないか、笑われるのではないか」と考えてしまい、発言を遠慮したり、やめてしまったりするかもしれません。

また、自分の好みや、興味関心について話す場面でも、「相手がそのことを理解してくれないのではないか」、「自分の評価が下がるのではないか」と、相手がどう思うかが気になって話すのをためらってしまうこともあるかもしれません。

あなたは周りの人たち（家族、友達、先生など）から、どのような人だと思われているか想像して、書いてみましょう。

15-3

> ```
> (空欄)
> ```

4　ありのままの自分

　私たちは、社会の中で他者と関わりを持ちながら生きています。自分と同じように相手にも意見や価値観、都合や事情があって、それらは相手に聞かない限りわからないので、想像するしかありません。前述の例のように、相手の考えを想像するときに、ネガティブな想像（変だと思われる、笑われる、理解してくれないなど）だけに偏ってしまうと、自分の本当の思い（自分の意見を伝えたい、自分の好きなことを話したい）を見失ってしまいます。相手の希望や要望を優先し、受け入れていれば、物事はスムーズに進むかもしれません。しかし、自分の気持ちは満たされないままになってしまいます。他者からの評価（他者からどのように思われるか）だけを基準に物事を判断していたら、自分は、本当にどうしたいのかがわからなくなってしまいます。

　自分と相手は別の人間なので、意見や考え、価値観、興味関心が違っていたとしても当然です。良い・悪い、正解・不正解ではなく、ただ「違う」というだけです。他者とは違う自分をしっかり認め、受け入れることが重要です。それが自分だからです。それがありのままの自分だからです。

　自分から見た自分、他者から見た自分について記入してみて、自分についてのイメージはどのようなものだったでしょうか。良いところもあるけれど、そうではないところもあるかもしれません。できていることもあるけれど、できていないこともあるでしょう。頑張れるときもあるけれど、頑張れないときもあるのではないでしょうか。どんな自分でも現在のありのままの自分に気づき、認めていくことが大事です。

自分で自分を褒めたり、認めたりできる事柄を思いつくだけたくさん書いてみましょう。
(例：バイトしながら頑張って大学へ通っている自分、など)

15-4

① _____

② _____

③ _____

④ _____

⑤ _____

⑥ _____

⑦ _____

⑧ _____

⑨ _____

⑩ _____

15

アンガーマネジメントを振り返って

15-5

自分で自分を褒めたり、認めたりしたら、どのような気持ちになりましたか？

5 アンガーマネジメントプログラム「ASCLA(アスクラ)」を学んで

 今回で 15 回、アンガーマネジメントを学んできました。学んでみて、考えたことや感じたこと、どのようなことでも自由に書いてみましょう。

15-6

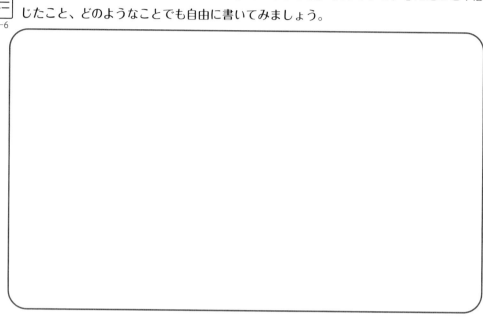

 ワーク 15-6 について全体でシェアしましょう。

 これから学校現場で教師として働くみなさんは、アンガーマネジメントをどのような場面で活かしていきたいですか？　具体的に書いてみましょう。

15-7

 ワーク 15-7 についてグループあるいは全体でシェアしましょう。

　　私たちは、常に誰かと関わりながら毎日を送っています。家族、友達、職場の仲間、学校の子供たちなど、周りにいる他者との関係は、自分の世界を豊かにしたり、広げたりしてくれます。他者を理解することは、自分を理解することから始まります。自分を知り、ありのままの自分を認めること、良いところばかりではないかもしれないけれど、それでもそんな自分を認め、大切にしましょう。自分を大切にできたら、他者のことも大切にできます。うまくいかないことが続いて、自信を失いかけたときは、本書で学んだことを思い出してください。ちょっと立ち止まり、自分を再確認してまた前に進みましょう。

　教師として意識しておくこと⓯

　　自己評価の低い子供に出会ったら、その子の自己評価が向上する支援が必要です。子供が自分で自分を認められるようになるためには、周りの大人からたくさん褒めてもらい、認めてもらうことが必要です。一人一人みんな違います。その子の強みは何か、どんなところに支援が必要かを見つけていくために、目の前の子供の様子をさまざまな視点で観察していきましょう。私たち大人は、子供たちからたくさんのメッセージを受け取ることができます。そのメッセージが何を伝えようとしているのかをちょっと立ち止まって考えてみましょう。子供たちからのメッセージは、教師のあなたを成長させてくれます。同時に、教師という職業は、子どもの成長に大きな影響を与える大事な職業です。たくさんの子供たちがみなさんとの出会いを待っています。そして、みなさんが学んだアンガーマネジメントを伝えていってください。

♥「教師として意識しておくこと⓯」について考えたことや感じたことを自由に書いてみましょう。

✔ 授業が終わった後の「今の気持ちチェック」（8 ページ）を記入しましょう。

15

アンガーマネジメントを振り返って

コラム 現場の声　先生と子供が幸せに過ごすための アンガーマネジメント

東京都立町田の丘学園　主任教諭　新江ゆき

　私にとってのアンガーマネジメントは、「自分や他者の感情（気持ち）を理解してその感情に寄り添うこと」です。

　アンガーマネジメントを学び、自分の感情に向き合い、自分の考え方のくせに気づいていくと、児童に対して「あぁ、あの子…怒ってはいるけど本当は悲しかったのかもしれない」と児童の怒りの裏側にある感情に気づけるようになっていきます。

　怒りの裏側にある感情に気づけるようになってからは、自分の指導方法が変わりました。子供たちに、感情的になり怒りを強く表現しなくてもよいのです。不適切な行動をしている子供に対しても、対処療法的に行動を制するような指導をしなくてもよいのです。子供の感情に寄り添っていくことで、「自分は大切にされている」、「理解されている」という大きな安心感が子供の中に生まれ、先生を信頼し、良好な関係を築けるだけでなく、感情のコントロールを日常のコミュニケーションを通して学ぶことができるのです。

　当時、担任していた常に怒りを抱えていた子供も「先生、聞いてくれよ。今日悲しいことがあったんだよ」と、怒る前に私に相談できるようになりました。私に怒りの裏側に気づいてもらったことで、怒りの裏側にある感情を言語化して伝え、落ち着いた生活が送れるようになりました。

　その子供との出会い以降、子供が自分の感情を適切に表現できるようにと、授業でアンガーマネジメントを取り入れるようにしています。昨年度、勤務していた小学校の特別支援学級では、『ココロずかんを作ろう』という活動を行いました。怒りの感情を表現できず、別の気持ちで代替する児童、怒りの感情を押さえつけて苦しくなってしまう児童のために取り組んだ活動でした。怒りの感情を表現できずにいた児童は、怒りの絵を描く授業の中で「『怒る』のページ、作るの楽しい！」と、とても意欲的に取り組んだのです。他の感情のページを作るよりも何よりも楽しそうに、普段表現できなかった怒りを表現することを楽しんだのです。他の児童も活動を通して「怒りの気持ちって複雑で難しい」と怒りの裏側にある感情に気がつくことができました。

　自分の感情を分析することができなければ他者の感情を推測することはできません。自分の感情を分析するためには、アンガーマネジメントの理論を知り、考え方を知り、実践することが必要なのです。そこに、大学生のみなさんが今、アンガーマネジメントを学ぶ意義があると思います。

　これから先、さまざまな感情を持った子供たちと関わっていくみなさんが、自分の感情を知り、怒りの裏側の感情に気づいていくこと、自分の考え方のくせを知り、怒りの感情と上手に付き合っていくことが、みなさんの人間関係を豊かにするだけでなく、将来出会う子供たちの安心した学校生活を保証する力になると確信します。

　思い切り、とことん自分の気持ちに向き合いアンガーマネジメントを体得されることを心より願っています。

あとがき

　社会はかつてない速さで変化しています。現代は、みなさんの親や祖父母の時代とは、全く違います。そして、みなさんが生きていくこれからの社会ではさらに劇的な変化が待ち受けているのではないでしょうか。価値観が変わったり、技術が進歩して新たな理論や手段が開発されたりすると、これまで習得してきた知識や培ってきた経験が使えないこともあります。求める情報は一瞬で得られ、AI（人工知能）が、これまで私たち人間が手間暇かけてやっていたことを代わりにやってくれます。情報はあふれ、何を選択したらいいのか戸惑ってしまいます。成功や理想は多様化し、何を目標にしたらいいのかわからなくなることもあるかもしれません。

　自分自身に焦点を合わせてみると、みなさんの人生もまた変化の連続です。誕生から成長発達を続けて、現在の自分がいます。特に脳の発達から見ると、人間らしい活動の司令塔である前頭葉は、感情を司る扁桃体よりも遅く、青年期により成熟するとされています。まさにみなさんの年齢です。

　本書を通して、これまでの自分を振り返ってもらいました。また現在の自分の考えや感情についてもいろいろな視点で考えてもらいました。グループでシェアしたり、他者の考えを聴いたりして、自分とは違ういろいろな考えがあることがわかりました。社会は自分だけではなくさまざまな人で成り立っていることを実感したのではないでしょうか。

　自分以外の他者とどのように関係を構築していくかは、この社会で生きていくうえで必須の課題です。家庭でも学校や職場でも、いろいろな他者と出会います。出会えたからこそわかったこと、気づけたこともきっとあるのではないでしょうか。今後、自分の想像を超える他者とも遭遇するかもしれません。だからこそ、ここでの学びが必要なのです。どのような他者との出会いがあったとしても、自分自身を大切にしてください。

　何がどう変わっても、変わらないものもあります。それは、自分の心や身体は自分だけのもの、他の誰のものでもないという事実です。かけがえのない自分の人生ですから、自分がどうしたいのかは自分で決められます。自信を持って進んでください。

　みなさんと出会えたことに感謝いたします。みなさんの人生はこれからもずっと続きます。そんなみなさんの人生が実り多いものになるよう、本書が何かの役に立つことを祈念いたします。

一般社団法人アンガーマネジメントジャパン
理事　山村　容子（公認心理師・臨床心理士）

参考文献一覧

A. R. ホックシールド（1983），石川准・室伏亜希（共訳）（2000）『管理される心―感情が商品になるとき』世界思想社.

Beck, R. & Fernandez, E（1998）Cognitive-Behavioral Therapy in the Treatment of Anger: A Meta-analysis. *Cognitive Therapy and Research*, 22; 63-74.

Feindler, E. & Engel, E. C.（2011）Assessment and Intervention for Adolescents with Anger and Aggression Difficulties in School Settings. *Psychology in the Schools*, 48; 243-253.

Fitzell, S. G.（2007）*Transforming anger to Personal power*. Research Press.

J. N. ギード（2017）「10代の脳の謎」『別冊日経サイエンス　脳科学のダイナミズム』日経サイエンス社.

Kassinove, H. & Tafrate, R.（2002）*Anger Management: The Complete Treatment Guidebook for Practitioners*. Impact Publishers.

ドナルド・マイケンバウム（1989），根建金男・市井雅哉（訳）（1994）『ストレス対処法』講談社.

NHK 取材班（2014）『NHK スペシャル　病の起源　うつ病と心臓病』宝島社.

Nasir, R. & Ghani, N. A.（2014）Behavioral and Emotional Effects of Anger Expression and Anger management Among Adolescents. *Social and Behavioral Sciences*, 140; 565-569.

Novaco, R. W.（1976）*The Functions and Regulation of the Arousal of Anger*. Am J Psychiartry, 133; 1124-8.

Novaco, R. W.（1977a）A stress Inoculation Approach to Anger Management in the Training of Law Enforcement Officers. *American Journal of Community Psychology*, 5; 327-346.

Novaco, R. W.（1977b）Stress Inoculation: A Cognitive Therapy for Anger and Its application to a case of Depression. *Journal of Consulting and Clinical Psychology*, 45; 600-608.

Paterson, R. J., Ph. D.（2000）*The Assertiveness Workbook*. New Harbinger Publications.

Taylor, J. L. & Novaco, R. W.（2005）*Anger Treatment for People with Developmental Disabilities*. John Wiley & Sons, Ltd.

Valizaden, S., Dvaji, R. B. O & Nikamal, M.（2010）The Effectiveness of Anger Management Skills Training on Reduction of Aggression in Adolescents. *Social and Behavioral Science*, 5; 1195-1199.

Wilde, J.（2001）Interventions for Children with Anger Problems. *Journal of Rational-Emotion & Cognitive-Behavior Therapy*, 19; 191-197.

Wilde, J.（2002）*Anger Management in Schools: Alternatives to Student Violence 2nd Edition*. Rowman & Littlefield Education.

カール R. ロジャーズ，F. J. レスリスバーガー（1957）「コミュニケーションの本質は『聞く』ことである―判断するのではなく理解する」『DIAMOND ハーバード・ビジネス・レビュー』2022 年 7 月号.

セネカ，兼利琢也（訳）（2008）『怒りについて』岩波書店.

有田秀穂・中川一郎（2009）『「セロトニン脳」健康法』講談社.

井澤修平・依田麻子・児玉昌久（2002）「誘発された怒りに対する呼吸法の効果」『健康心理学研究』15; 21-28.

科学雑学研究倶楽部編，木村昌幹監修（2016）『脳と心の秘密がわかる本』学研プラス.

熊野宏昭（2013）「医学的視点からミラストレス研究の基礎と臨床」津田彰他編『臨床ストレス心理学』東京大学出版会.

小林弘幸（2020）『眠れなくなるほど面白い　図解　自律神経の話』日本文芸社.

小林弘幸（2021）『自律神経にいいこと超大全』宝島社.

佐藤恵子（2018）『イライラに困っている子どものためのアンガーマネジメントスタートブック―教師・SC が活用する「怒り」のコントロール術』遠見書房.

佐藤恵子（2021）『Q & A でわかる！先生のためのアンガーマネジメント―イライラに押しつぶされそうになったら読む本』明治図書.

竹田伸也（2017）『対人援助職に効く認知行動療法ワークショップ―専門職としての力量を高める 3 つのチカラ』中央法規出版.

辻秀一（2016）『さよなら，ストレス―誰でもできる最新「ご機嫌」メソッド』文藝春秋.

徳田完二（2007）「筋弛緩法における気分変化」『立命館人間科学研究』13; 1-7.

林朗子・加藤忠史編（2023）『「心の病」の脳科学―なぜ生じるのか、どうすれば治るのか』講談社.

藤田和生（2007）『感情科学』京都大学学術出版会.

平木典子（2021）『三訂版　アサーション・トレーニング―さわやかな〈自己表現〉のために』日本・精神技術研究所.

三國牧子・本山智敬・坂中正義編著（2015）『ロジャーズの中核三条件　共感的理解』創元社.

メラビアンの法則研究所（2023）『メラビアンの法則とは？―ノンバーバルコミュニケーションの活用』.

山口創（2014）「身体接触によるこころの癒し～こころとからだの不思議な関係～」『全日本鍼灸学会雑誌』64 巻 3 号；pp132-140.

湯川進太郎著（2008）『怒りの心理学―怒りとうまくつきあうための理論と方法』有斐閣.

湯川進太郎（2023）「怒りを〈手放す〉　怒りとは何か？―攻撃性と向き合う』『臨床心理学』133; 60-65.

和田秀樹（2010）『「怒り」の正体―精神医学からみた「怒り」の構造とその制御について』バジリコ.

渡辺潤子（2022）「心も身体も整える食事術」ASCLA オンライン https://elearning.ascla.jp/

索引

[著者略歴]

佐藤恵子（さとう　けいこ）
一般社団法人アンガーマネジメントジャパン　代表理事、臨床心理士。
東京国際大学大学院臨床心理学研究科　臨床心理学専攻博士課程（前期）修了後、臨床心理士の資格取得。渡米しアンガーマネジメントを学ぶ。また、Yale Center for Emotional Intelligence にて「Managing Emotions in Times of Uncertainty and Stress」コース修了。精神科クリニック勤務を経て、東京都公立小学校・中学校、私立中学校・高等学校の元スクールカウンセラー。12 年前より東京都公立中学校にアンガーマネジメントを伝え、カリキュラムとして導入される。教育分野では、小学生・中学生・高校生向けのテキストの研究・開発、児童・生徒対象の授業、教師や保護者対象の研修会を、産業分野、医療福祉分野ではメンタルヘルス、パワーハラスメント防止研修を行っている。

主な著書
『怒りの裏側にあるもの—心の扉を開けたその先に』文芸社
『先生と子どもの「怒り」をコントロールする技術』ナツメ社
『イライラに困っている子どものためのアンガーマネジメントスタートブック—教師・SC
　が活用する「怒り」のコントロール術』遠見書房
『Q ＆ A でわかる！先生のためのアンガーマネジメント—イライラに押しつぶされそうに
　なったら読む本』明治図書
『職場でできるアンガーマネジメント—パワハラ、メンタル不調、離職を防ぐ！』誠信書
　房
『中学生・高校生向け アンガーマネジメント・レッスン—怒りの感情を自分の力に変えよ
　う—』スーザン・ジングラス・フェッチェル（佐藤恵子・竹田伸也・古村由美子訳）遠
　見書房　他

山村容子（やまむら　ようこ）
一般社団法人アンガーマネジメントジャパン　理事、公認心理師、臨床心理士。
福岡大学大学院人文科学研究科教育・臨床心理学専攻博士課程（後期）単位取得後満期退学。
精神科病院での心理士、専門学校講師として勤務後、福岡県域、および福岡市の私立、公立の小学校・中学校・高等学校にてスクールカウンセラーとして勤務。児童生徒や教職員への心理教育及びアンガーマネジメントの授業や研修を実施。子育て中の母親への子育て講座や他県の教職員へのアンガーマネジメント研修を行っている。福岡県では、性暴力対策アドバイザーとして、県下の小学校・中学校・高等学校で予防教育を行っている。

●アンガーマネジメントジャパン
https://amjapan.or.jp/

● ASCLA オンライン
https://elearning.ascla.jp/

ワークシートで学ぶ
教員を目指す人のためのアンガーマネジメント

© Keiko Sato, Yoko Yamamura, 2023 NDC374／126p／26cm

初版第 1 刷——2023 年 12 月 20 日

著　者―――佐藤恵子・山村容子
発行者―――鈴木一行
発行所―――株式会社　大修館書店
　　　　　　〒113-8541　東京都文京区湯島 2-1-1
　　　　　　電話 03-3868-2651（販売部）　03-3868-2293（編集部）
　　　　　　振替 00190-7-40504
　　　　　　［出版情報］https://www.taishukan.co.jp/

装丁者―――松岡昌代（WELL PLANNING）
装丁イラスト―――あずきみみこ
本文内イラスト―――北村まりこ、茅根美代子
印刷所―――精興社
製本所―――牧製本